DARPA的
突破性创新之路

池建文 梁栋国 孙兴村 张义农 等 编著

国防工业出版社
·北京·

内 容 简 介

本书基于对DARPA开源情报信息的长期跟踪和积累，立足于翔实的事实与数据，系统阐释DARPA的成立背景和发展历程、组织结构、特殊定位、项目流程、经费投入、特殊授权、历史性成就和最新发展方向等，力求通过全面系统的梳理辨识与研究分析，深刻揭示DARPA创新突破的本来面目，如始终以国家战略需求为导向、采取一流科学家主导的组织运行方式、采用灵活且合规的项目管理流程、另辟蹊径解决技术难题等。此外，本书还分析了10个类DARPA机构或机制的运行情况，为读者提供有益的认识和借鉴。

图书在版编目（CIP）数据

DARPA的突破性创新之路/池建文等编著. —北京：国防工业出版社，2024.11. —ISBN 978-7-118-13405-6

Ⅰ.E712.1

中国国家版本馆CIP数据核字第20244N86Z0号

※

国防工业出版社出版发行

（北京市海淀区紫竹院南路23号　邮政编码100048）
雅迪云印（天津）科技有限公司印刷
新华书店经售

*

开本710×1000　1/16　印张11　字数185千字
2024年11月第1版第1次印刷　印数1—3000册　定价99.00元

（本书如有印装错误，我社负责调换）

国防书店：(010)88540777　　　书店传真：(010)88540776
发行业务：(010)88540717　　　发行传真：(010)88540762

本书编委会

主　　任：池建文　梁栋国
副 主 任：孙兴村　张义农
委　　员：马晓晨　方　楠　王　维　史腾飞
　　　　　白旭尧　吕　强　刘　娟　闫　哲
　　　　　冷欣阳　张　旭　张怡鑫　李仲铀
　　　　　奉　薇　孟　光　赵月白　赵宇哲
　　　　　祝　燕　钱　中　郭　宇　寇玉晶
　　　　　谢　忱　雷贺功　穆玉苹　魏博宇

前 言

党的二十大报告指出:"科技是第一生产力、人才是第一资源、创新是第一动力""坚持面向世界科技前沿、面向经济主战场、面向国家重大需求,面向人民生命健康,加快实现高水平科技自立自强;以国家战略需求为导向,积聚力量进行原创性引领性科技攻关,坚决打赢关键核心技术攻坚战;加快实施一批具有战略性全局性前瞻性的国家重大科技项目,增强自主创新能力;加强基础研究,突出原创,鼓励自由探索。"

当前,美国、欧洲、俄罗斯、日本等国家和地区聚焦人工智能、量子信息、太空、生物、微电子、无人系统、先进制造等领域,推动技术群体性突破,深刻影响着世界经济社会和军事能力发展模式。加速推进突破性技术发展和转化应用,对我国创新发展产业经济、强化军事能力、抢占战略高地意义重大。突破性技术既包括新原理、新发明,也包括科学技术的跨领域、跨学科创造性应用。美国、欧洲、日本、俄罗斯等国家均设立专门推动突破性技术研究的机构或机制。其中,美国国防高级研究计划局(DARPA)成立时间最早,创新成就最为丰富,也最为著名。

DARPA成立于1958年,其宗旨是"阻止对手技术突袭,并向对手施以技术突袭"。60多年来,DARPA不仅打造出精确制导武器、隐身装备等改变了战争样式的军事能力,还催生出互联网、自动语音识别与翻译、小型GPS接收机等众多现代文明的标志。为揭开DARPA的神秘色彩,揭示其创新突破的本来面目,本书借助美国官方、智库机构和学者等披露的历史与现实情况,立足于翔实的事实与数据,从中微观层面,对DARPA的发展历程、机构定位、组织结构、经费投入、项目管理等,进行了全面系统的梳理辨识与研究分析,力求为读者提供有益的认识和借鉴。由于作者水平有限,书中难免存在错误和疏漏,恳请广大读者提出宝贵意见,以便我们后续改进完善、深化研究、提高质量。

作者
2024 年 10 月

目 录

第 1 章 DARPA 的发展历程 ········· 1

1.1 创立背景 ········· 5
1.1.1 冷战前的美国国防科技 ········· 5
1.1.2 冷战初期的美国国防科技 ········· 6

1.2 初创期（1958—1969 年）········· 8

1.3 发展期（1970—1989 年）········· 10

1.4 变革期（1990—1999 年）········· 13
1.4.1 关注信息技术和低成本技术 ········· 13
1.4.2 研发军民两用技术 ········· 14
1.4.3 发展信息和生物战防御技术 ········· 15

1.5 成熟期（2000—2024 年）········· 15
1.5.1 聚焦反恐作战需求 ········· 15
1.5.2 聚焦远期军事需求 ········· 17
1.5.3 聚焦大国战略竞争 ········· 18

第 2 章　DARPA 的组织结构 ······ 21

2.1　DARPA 局长 ······ 23

2.2　局长办公室 ······ 24

2.3　技术办公室 ······ 24

　2.3.1　基础研究类办公室 ······ 25

　2.3.2　未来系统技术研究类办公室 ······ 25

　2.3.3　突破性前沿技术研究类办公室 ······ 26

　2.3.4　临时性技术转化办公室 ······ 27

2.4　行政办公室 ······ 27

第 3 章　DARPA 的创新机理 ······ 29

3.1　特殊的职能定位 ······ 31

3.2　特殊的科研使命 ······ 31

　3.2.1　美国国防部的科技概念 ······ 33

　3.2.2　美国国防部科研管理体系 ······ 33

　3.2.3　DARPA 使命的特殊性 ······ 34

3.3　别具一格的科研管理体系 ······ 36

　3.3.1　简单的技术办公室结构 ······ 36

　3.3.2　专家型人才担负技术办公室主任 ······ 37

　3.3.3　项目经理是发起和把控创新的灵魂 ······ 37

　3.3.4　围绕科研管理设置辅助性岗位 ······ 38

3.4　简便而合规的项目全流程管理 ······ 39

　3.4.1　项目规划阶段 ······ 39

3.4.2 项目实施阶段 …… 42
3.4.3 项目转化阶段 …… 42

3.5 特殊的集智型计划或项目 …… 45
3.5.1 挑战赛 …… 45
3.5.2 "探索"计划 …… 49
3.5.3 "青年教职奖"计划 …… 51
3.5.4 "嵌入式企业家"计划 …… 51
3.5.5 "工具箱"计划 …… 52
3.5.6 "桥"计划 …… 53
3.5.7 "众包"项目 …… 53

第4章 DARPA 创新的外部支持和监督 …… 57

4.1 国家经费投入 …… 59
4.1.1 总体经费投入 …… 59
4.1.2 DARPA 经费构成 …… 61
4.1.3 DARPA 经费投向 …… 62

4.2 国家特殊授权 …… 64
4.2.1 其他交易授权 …… 64
4.2.2 人事聘用权 …… 68
4.2.3 科学审查 …… 69

4.3 军种部门支持 …… 71
4.3.1 联络官制度 …… 72
4.3.2 军种实习生项目 …… 72
4.3.3 合同代理制度 …… 72

4.4 社会服务支持 …… 73

4.5 机构外部监督 …… 74
4.5.1 国会监督 …… 74
4.5.2 国防部监督 …… 75
4.5.3 社会监督 …… 76

第 5 章 DARPA 历史性成就 ... 79

- 5.1 弹道导弹防御 ... 81
- 5.2 互联网 ... 83
- 5.3 精确制导弹药 ... 84
- 5.4 隐身技术 ... 85
- 5.5 微系统技术 ... 86
- 5.6 GPS 接收机微型化 ... 87
- 5.7 军用无人机技术 ... 87
- 5.8 小型红外夜视技术 ... 89
- 5.9 人工智能技术 ... 90
- 5.10 低成本进入太空 ... 91

第 6 章 DARPA 发展方向 ... 93

- 6.1 微电子 ... 95
- 6.2 生物技术 ... 95
- 6.3 人工智能 ... 96
- 6.4 高超声速 ... 97
- 6.5 太空技术 ... 98
- 6.6 陆海空系统技术 ... 99

6.7 网络安全 ……………………………………………………… 100

6.8 量子信息技术 ………………………………………………… 100

6.9 集成传感与网络 ……………………………………………… 101

6.10 集成网络体系 ………………………………………………… 102

第7章 国外类 DARPA 机构或机制 …………………………… 103

7.1 美国国土安全高级研究计划局 ……………………………… 105

    7.1.1 基本情况 ……………………………………………… 105

    7.1.2 投量投向 ……………………………………………… 105

    7.1.3 组织结构 ……………………………………………… 105

    7.1.4 运行特点 ……………………………………………… 106

7.2 美国情报高级研究计划局 …………………………………… 107

    7.2.1 基本情况 ……………………………………………… 107

    7.2.2 投量投向 ……………………………………………… 107

    7.2.3 组织结构 ……………………………………………… 108

    7.2.4 运行特点 ……………………………………………… 108

7.3 美国能源高级研究计划局 …………………………………… 109

    7.3.1 基本情况 ……………………………………………… 109

    7.3.2 投量投向 ……………………………………………… 110

    7.3.3 组织结构 ……………………………………………… 110

    7.3.4 运行特点 ……………………………………………… 112

7.4 美国卫生高级研究计划局 …………………………………… 114

    7.4.1 基本情况 ……………………………………………… 114

    7.4.2 投量投向 ……………………………………………… 114

    7.4.3 组织结构 ……………………………………………… 114

    7.4.4 运行特点 ……………………………………………… 115

7.5 俄罗斯先期研究基金会 ·········· 117
7.5.1 基本情况 ·········· 117
7.5.2 投量投向 ·········· 118
7.5.3 组织结构 ·········· 118
7.5.4 运行特点 ·········· 118

7.6 日本安全保障技术研究推进计划 ·········· 120
7.6.1 基本情况 ·········· 120
7.6.2 投量投向 ·········· 120
7.6.3 管理结构 ·········· 122
7.6.4 运行特点 ·········· 123

7.7 法国创新与工业基金 ·········· 124
7.7.1 基本情况 ·········· 124
7.7.2 投量投向 ·········· 125
7.7.3 组织结构 ·········· 125
7.7.4 运行特点 ·········· 125

7.8 英国先期研究与发明局 ·········· 126
7.8.1 基本情况 ·········· 126
7.8.2 投量投向 ·········· 127
7.8.3 组织结构 ·········· 127
7.8.4 运行特点 ·········· 127

7.9 欧洲创新理事会"探路者计划" ·········· 128
7.9.1 基本情况 ·········· 128
7.9.2 投量投向 ·········· 128
7.9.3 组织结构 ·········· 129
7.9.4 运行特点 ·········· 129

7.10 北大西洋防务创新加速器 ·········· 130
7.10.1 基本情况 ·········· 130
7.10.2 投量投向 ·········· 130
7.10.3 组织结构 ·········· 131
7.10.4 运行特点 ·········· 131

附录1 DARPA 历任局长简介 ·········· 132

附录2　（美国）国防部第5134.10号指令 …………………………… 144

附录3　DARPA技术办公室演变图 …………………………………… 149

附录4　美国国防部科研预算科目及定义 ……………………………… 150

附录5　美国各军种部科研机构 ………………………………………… 152

参考文献 …………………………………………………………………… 157

第 1 章

DARPA 的发展历程

DARPA是美国国防部"国防高级研究计划局"的简称，于1958年2月在时任总统艾森豪威尔和国防部长迈克尔·罗伊的支持下成立，当时的全称为"高级研究计划局"，简称ARPA。1972年3月改称"国防高级研究计划局"，简称DARPA；1993年2月—1996年3月，一度改回到原称，即ARPA；之后一直沿用DARPA之称。为行文方便，本书在一般叙述中统一用DARPA称呼之。

梳理DARPA的发展历程（图1-1），并结合本书后文相关内容，不难看出，该机构成立以来始终以美国国家安全战略需求为导向，适时调整研究方向和管理模式，为美国建立和维持其国防科技领先地位、不断开辟创新之路、持续筑高创新基础发挥了至关重要作用。

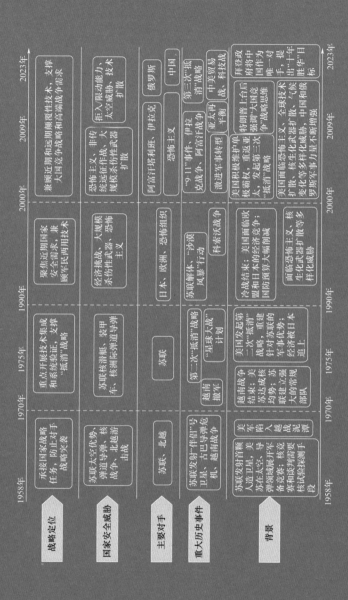

图1-1 DARPA发展历程示意图

1.1 创立背景

1957年,苏联发射人类历史上首颗人造地球卫星"伴侣"-1号,美国受到这一事件的刺激,立即成立了国防高级研究计划局(DARPA)。但回顾历史不难看到,当时美国的军事体制和国防管理制度正处在二战后深刻变革的余脉期,战时国防科技繁荣发展的经验和对冷战初期国防科技分散发展造成问题的思考,是DARPA成立的根本原因。

1.1.1 冷战前的美国国防科技

19世纪大部分时间里,物理、化学领域的主要发现都来自欧洲,美国整体科技成就十分有限。直到1900年,美国才在卡耐基、洛克菲勒等富有企业家的资助下逐步建立起一批研究型大学;随后,众多大型制造企业陆续建起了研究实验室,投资研发新兴科学和工程技术。

二战前,美国私营企业和大学已拥有较强的科研基础,在原子物理和固态物理等新兴领域已处于国际领先地位。但在当时,美国的武器装备科研没有与生产相分离,相关科研活动从属于军事部门所属的制造厂。尤其因奉行孤立主义政策,兼大萧条带来的经济大衰退,美国对军事设施建设与装备科研的投入较低,导致武器装备制造厂难以支撑战时军事技术的发展。

第二次世界大战是美国科技政策和科技发展的重要转折期,开启了政府资助私营部门开展军事技术研究和武器装备研制的先河。1940年之后,美国联邦政府把科学研究完全纳入战争轨道,对全国范围的科技发展进行干预,研发投入从1940年的7000万美元,增至1945年的15.9亿美元,增长高达20多倍。

1941年6月,罗斯福总统在万尼瓦尔·布什(Vannevar Bush)的建议下,组建了战时内阁部门科学研究与发展局(Office of Scientific Research and Development,OSRD),以管理迅速增加的科研活动,布什被任命为局长。科学研究与发展局独立于军事部门,主要由科学家和工程师掌管,可自行启动研究项目并向大学、企业等授予研发合同,还可以小批量制造新型武器装备。这种管理方式避开了军事部门的官僚作风,能够充分发挥科学家的自由探索精神。

> **延伸阅读**
>
> 美国 20 世纪的工程师:万尼瓦尔·布什
>
> 万尼瓦尔·布什是美国极富管理才能的工程师,1916 年毕业于麻省理工学院并获得博士学位,1939 年被华盛顿卡内基研究院聘为院长,之后被任命为国家航空咨询委员会主席,开始涉足国家军事研究决策领域。1940 年 6 月担任国防研究委员会主席,1941 年 6 月担任科学研究与发展局局长。
>
> 布什是美国二战期间和战后科技政策的主要设计者,对美国科技的发展产生了深远影响,被誉为"美国 20 世纪的工程师"。在第二次世界大战中,以他为首的科学研究与发展局发挥了极大作用,组织研制出原子弹、微波雷达等辉煌的科技成果。二战即将结束时,布什组织起草的《科学——无尽的前沿》报告,对美国国家基础研究起到了巨大的推动作用,对美国现代科技体系的建立产生了直接影响。该报告认为,"为了保持世界领先的军事力量,美国绝对需要研究工作,而研究工作的极端重要性使得不能把它只委托给军队,因为美国军队对下次战争中使用什么武器缺乏远见""在军事上准备妥当,需要一个永久性、独立、由文职人员控制管理的机构;它要和陆军、海军密切联系,但要直接从国会得到经费,并且有军事研究的权力"。

科学研究与发展局被认为是 DARPA 的原型之一,而麻省理工学院辐射实验室(即林肯实验室的前身)被认为是 DARPA 的另一个原型,后者主要从事雷达技术研究。银行家、业余科学家阿尔弗雷德·卢米斯(Alfred Loomis)是辐射实验室的创建者和投资者之一,对实验室的管理方式产生了重要影响。

阿尔弗雷德·卢米斯的影响主要表现在:吸引最优秀的人才,囊括了 10 名诺贝尔奖获得者;采取灵活的资助方式,可以不经过招标就签订合同;组建灵活的研发机构,工作人员以科学家为主,彼此交流频繁;直接与高层决策者交往,经常向万尼瓦尔·布什和陆军部长史汀生汇报工作,推动军事部门接纳新技术。最终,辐射实验室研制的雷达让盟军轰炸机能在复杂气象条件下远程奔袭德国;让英国战斗机能在德军 V1 和 V2 导弹飞行途中予以拦截并摧毁;让盟军登陆艇能在夜间准确抵达指定位置,为成功登陆诺曼底立下功勋。因此得到"原子弹结束了战争,雷达赢得了战争"的高度评价。

二战结束后,美国大部分战时科研机构被撤销。辐射实验室于 1945 年 12 月 31 日关闭,科学研究与发展局于 1947 年 12 月 31 日解散。弗雷德·卢米斯认为,"战争让所有科学家团结一致,共同缔造科技发明的奇迹,但和平时期不可能延续辉煌,肯定会出现衰退和停滞"。万尼瓦尔·布什亦持同样观点,认为战争机构不能带入和平时期,指出"许多科学研究与发展局的人员会在战争结束时离职,以免受法律指控"。

1.1.2 冷战初期的美国国防科技

科学研究与发展局撤销后,美国各军种部成立科技管理部门,一定程度上填补了军事科研空白;国家科学基金会(National Science Foundation,NSF)、原子能委员会和国家卫生研究院的成立则填补了民用科研空白。

1946年，美国海军部成立战后第一家专门从事纯科学研究的机构，即海军研究署（Office of Navy Research，ONR），负责资助大学和企业开展自然科学研究。陆军部和战后新成立的空军部也相继组建了自己的科技部门，支持新兴科学和工程领域研究。

1950年，国会经过数年讨论，通过了成立国家科学基金会的法律，由该基金会负责分配面向高等院校的基础研究经费。当时国会希望国家科学基金会监控和协调整体科技发展，但国防部等部门都反对该基金会涉足他们的势力范围，国家科学基金会首任负责人阿兰·沃特曼也不同意承担这项职能，最终导致美国科技发展缺少统筹管理。

1957年10月，苏联成功发射世界首颗人造卫星"伴侣"-1号（图1-2），使一直以技术领先优势自傲的美国朝野大受震动，并深刻反思落后于苏联的原因。结果，政界和军界一致认为，分散的科研管理方式是美国军事技术落后的主要原因。

图1-2 苏联"伴侣"-1号卫星

当时，美国有陆军、海军、空军三个军种部，虽然它们都隶属于国防部，但因陆军部和海军部是历史悠久的部门，而国防部则是1947年与空军部同时成立的，统筹管理权限和效力有限，国防科研和装备采购一直分散在各军种部。各军种部均设有自己的装备采办管理机构，奉行不同的军事需求和采办策略，军种间互不通气，导致国防科研项目出现重复投入、发展进程缓慢等问题，尤其体现在新兴的太空和弹道导弹防御等领域。

此时的美国已认识到统一领导和管理国防科研和装备采购的重要性，并计划在国防部长办公室下组建独立于各军种部的国防研究与工程署，统一领导国防科研工作。但这项改革举措遭到来自各军种部和相关利益集团的强烈反对，苏联成功发射"伴侣"-1号卫星为美国高层提供了推动改革的契机。为防止太空和其他新兴领域的技术突袭,1958年2月,在时任总统艾森豪威尔和国防部长迈克尔·罗伊支持下组建了DARPA。

综上所述,可以把促成DARPA成立的背景和原因归纳为以下几点:一是苏联卫星事件促成美国国防部成立专门管理战略新兴领域先期研发项目的机构,以克服此前各军种部各行其是带来的重复投资、效率低下弊端;二是美国各军种部往往着眼于传统军事能力的发展,科研上过度关注近中期需求,需要成立DARPA这样的超脱军种及其背后利益相关方的机构,聚焦推进新兴技术、前沿技术探索和共性基础技术发展;三是美国社会已建立起由企业、大学、国家实验室等组成的实力雄厚的创新生态体系,使DARPA这样的机构能够借助全社会力量推动国防科技发展;四是二战期间的科学研究与发展局、辐射实验室等战时科研机构取得的成功、获得的经验、采取的做法,为DARPA的成立提供了借鉴。

1.2 初创期(1958—1969年)

这一时期,DARPA主要承接国家战略任务,避免来自苏联阵营的技术威胁和技术突袭。DARPA成立时被赋予的任务是"指导或完成国防部长指派的先期研发项目",而国防部长指派给DARPA的任务几乎都来自总统,任务相对集中,分为太空、重大战略和基础性研究三个方面。

太空项目。DARPA的首要任务是进入太空。它成立后很快接手各军种部太空项目,成为美国唯一的太空项目管理机构,并研究制定出太空领域研究任务大纲,主要包括战略监视、信号情报和导航、通信、气象卫星,此后美国太空事业的发展证实了DARPA当初这一任务大纲的正确性。1959年9月,美国成立了专门的民用航天机构,即国家航空航天局(NASA)。DARPA逐步向NASA移交了民用太空项目,并向各军种侦察局移交了军用太空项目。1960年底,DARPA的太空项目基本移交完毕。

重大战略任务。20世纪60年代,DARPA重点投资总统指派的三个重大战略任务,即弹道导弹防御(DEFENDER)、核试验探测(VELA)和反暴动研发(AGILE),这三个项目预算之和约占其总预算的四分之三,如表1-1所列。其中,弹道导弹防御是DARPA最大的项目,占到部门预算的一半,旨在应对苏联洲际弹道导弹对美国国土的威胁。20世纪50年代后期到60年代初,在美苏核军备竞赛、古巴导弹危机、越南战争需求的刺激下,DARPA 启动了核试验探测项目和针对越战的反暴动研发项目。20 世纪 60 年代后期,DARPA 重大战略任务逐渐结束,其中弹道导弹防御项目大部分移交给陆军;反暴动研发项目重组为海外国防研究项目;核试验探测被重组为核监视研究项目。1969 年,重大战略任务的投资占比大幅下降,仅占总预算的 55.36%。

表 1-1　1961—1969 财年 DARPA 项目预算情况(单位:亿美元)

财年	预算额	弹道导弹防御	核试验探测	反暴动研发	材料研究	信息处理	其他	战略任务占比
1961	1.48	1.10	0	0	0.17	0	0.21	74.32%
1962	1.86	1.04	0.37	0	0.17	0	0.28	75.81%
1963	2.50	1.10	0.63	0.18	0.22	0.09	0.28	76.40%
1964	2.74	1.28	0.52	0.26	0.21	0.13	0.34	75.18%
1965	2.78	1.28	0.61	0.30	0.27	0.14	0.18	78.78%
1966	2.74	1.27	0.59	0.28	0.28	0.21	0.11	78.83%
1967	2.63	1.19	0.49	0.29	0.29	0.18	0.19	74.90%
1968	2.49	1.18	0.50	0.27	0.20	0.19	0.16	78.31%
1969	2.33	0.63	0.40	0.26	0.24	0.25	0.55	55.36%

注:战略任务包括弹道导弹防御、核试验探测和反暴动研发。

基础性研究。除了承接总统指派的战略任务,DARPA 还开展了大量面向未来的基础性研究,涉及固体推进化学、材料科学、信息处理、先进传感器、能源转化、行为科学、大气物理等领域,如表 1-2 所列。其中,材料科学和信息处理技术的投资相对较大,对信息技术的研究直接催生了互联网的前身阿帕网。

表 1-2　1958—1969 年 DARPA 历任局长及开展的项目

1958—1959年 约翰逊	1960年 贝茨	1961—1963年 卢伊纳	1963—1965年 斯普劳尔	1965—1967年 赫兹菲尔德	1967—1969年 里希廷
• 太空项目 • 弹道导弹防御 • 固体推进化学 • 材料科学	• 弹道导弹防御 • 核试验探测 • 推进化学 • 军事控制 • 能源转化 • 可靠性研究 • 材料毒理学	• 弹道导弹防御 • 核试验探测 • 反暴动研发 • 材料科学 • 指控研究 • 行为科学 • 能源转化 • 大气处理及云物理学	• 弹道导弹防御 • 核试验探测 • 反暴动研发 • 先进传感器 • 材料科学 • 信息处理技术 • 行为科学 • 推进化学 • 能源转化	• 弹道导弹防御 • 核试验探测 • 反暴动研发 • 材料科学 • 信息处理技术 • 行为科学	• 弹道导弹防御 • 核监视研究 • 海外国防研究 • 先进传感器 • 先进工程 • 材料科学 • 信息处理技术

> **延伸阅读**
>
> DARPA 首任局长：罗伊·约翰逊
>
> 罗伊·约翰逊（Roy Johnson）是 DARPA 首任局长，任期是 1958—1960 年。他由时任国防部长迈克尔·罗伊亲自任命，两人结识于商业合作。约翰逊来自商界，从未在政府任职，1948 年开始担任通用电气公司副总裁，以"解决问题的专家"著称。
>
> 约翰逊缺少技术背景，但却擅长用人，为人坦率，与员工总是保持密切沟通和联系，几乎所有员工都崇拜他。他常对员工说三件事："不论我们在一起还是分开工作，彼此之间都不存在信息交流的障碍；没有微不足道的问题，欢迎随时与我沟通；我对科学一无所知，但我精通管理。"就任局长后他做的第一件事，便是邀请物理学、信息技术、材料学和其他领域的顶尖专家加入 DARPA，给予他们大量资金和充分自由。在约翰逊领导下，DARPA 很好地梳理了各军种转移过来的太空项目并进行了分类，还提出了具有前瞻性的太空发展规划。

在国防科研分散管理的年代，DARPA 成立本身就带有突破性和反官僚性。DARPA 最初的管理制度在争论和妥协中确定下来，其中大部分延续至今，构成当前运行制度的基础，这些最初的制度包括：①由国防部长直接监督，承接总统和国防部长指派的项目；②保持机构的小型化，只拥有少量雇员；③不建立独立的合同管理体系，借助各军种"代理"签订和管理合同；④不建立自己的科研设施，利用已有研发设施开展科研活动；⑤运行管理主要依靠国防分析研究所等机构提供的技术和管理人员，至今 DARPA 仍大量依赖社会力量提供技术和管理支持。DARPA 灵活的制度安排、简单的决策机制、广泛的创新协作，使它能够便捷地设立并实施有潜力的科研项目，而无须征得各军种同意。1959 年，国防部新成立的国防研究与工程署开始统筹国防部所有科研活动，国防部长不再直接监管 DARPA。

这个时期，DARPA 与各军种部的关系更多的是补充，而不是竞争。在弹道导弹防御方面，DARPA 并没有接收各军种部已有项目，而是另辟蹊径开展大型地面相控阵雷达、高能激光器和极高速弹道导弹拦截等研究。在科研设施方面，DARPA 从不谋求拥有自己的设施，甚至主动放弃了成立时分配给它的两个实验室，但这并不代表它不投资科研设施，例如，DARPA 资助大学建立了多个跨学科材料实验室，奠定了国防材料研究的基础，这些实验室后来移交给国家科学基金会管理。

▶▶ 1.3
发展期（1970—1989 年）

这一时期，DARPA 主要支撑美国"第二次抵消"战略。20 世纪 70 年代，美国与苏联达成了核均势。越南战争阻碍了美国常规军事力量的发展，而苏联却建造了数量庞大的坦克、核潜艇,建立起常规军事优势,对美国及其欧洲盟友构成严重威胁。为此,1975年越南战争结束后,美国国防部长哈罗德·布朗在20世纪70年代后期正式提出实施"抵消"战略(现在被称为"第二次抵消"战略①),旨在以技术优势抵消苏联常规兵力的规模优势。DARPA是这一战略提出的重要推动者,也为这一战略的实施提供了技术基础。

20世纪70年代初,随着国家战略任务的结束,DARPA没有接到新的战略任务,转而面向关键作战问题和中远期军事需求,开展广泛的基础性研究,项目数量迅速增加。为此,在时任局长卢卡西克主持下,DARPA逐步改革部门制度和项目管理流程,并与作战部门建立更紧密的联系。其组建了众多技术办公室,如战略技术办公室、战术技术办公室、核监控研究办公室、信息处理技术办公室、材料科学办公室和行为科学办公室等。其中,战略技术办公室在弹道导弹防御项目未移交部分的基础上组建,战术技术办公室在反暴动研发项目的基础上组建。

在此期间,鉴于其基础性研究项目主要面向军事应用,美国国会1972年通过《曼斯菲尔德修正法》,将ARPA更名为DARPA,以强调其研究的军事相关性,并提升DARPA为国防部长直接管理的国防局。在经费方面,DARPA预算从3亿美元减少到不足2亿美元,主要投资领域如图1-3所示,其中,战略技术的投入约占三分之一,主要研究高能激光器、高能电子束、红外光学和太空监视等技术;信息处理领域主要研究分布式网络、先进指控和通信、并行处理技术等;战术技术主要研究水下战技术、声信号处理、战术传感器等。

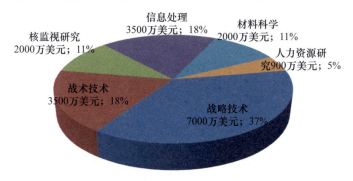

图1-3 1973年DARPA主要研究领域投资情况

---

① "第一次抵消"战略系指20世纪50年代,美国艾森豪威尔政府提出的用核威慑遏制华沙条约集团,从而避免大规模常规兵力劳师远征与之抗衡的战略;"第三次抵消"战略则是奥巴马政府时期美国国防部提出的,意在借助美国的创新优势,利用颠覆性技术抵消中国等战略对手快速发展的军事能力。

1975年，DARPA新任局长乔治·海尔迈耶制定了"长期研发计划"（LRRD-PP），重点研发精确制导武器技术。该计划内容包括：提高武器弹药精度；增强战车的机动性和火力；研发抗拥堵战术数据链及分组通信技术；研发新型武器及其运载工具，如巡航导弹以及遥控飞行器。此后担任美国国防部长的哈罗德·布朗与负责研究与工程的副部长威廉·佩里在DARPA"长期研发计划"基础上，提出以精确制导武器为核心的"抵消"战略。威廉·佩里于1978年提交国会的证词中表示："精确制导武器可能带来战争革命。如果有效利用这种优势，美国便能大幅提升应对战争的能力，而无须与苏联进行坦克和导弹竞争。精确制导武器能实时追踪高价值目标，直接命中视距内的任何目标，并摧毁命中的一切目标。"

在"抵消"战略下，DARPA不仅进行单项技术攻关，还开展技术集成、系统验证等研发工作。20世纪70年代中后期启动的项目包括：反坦克炮、指控与通信、天基红外监视、天基反导激光武器、先进巡航导弹、隐身飞机、先进计算和交互计算、先进反潜战研究等。随着上述项目的实施，1977—1983年DARPA经费持续增长，如图1-4所示。但1984年之后，该机构经费因部分项目移交各军种一度下降，包括将隐身战斗机、隐身轰炸机、集束炸弹、X-29超声速飞机和天基红外监视项目移交各军种，将高功率激光项目、太空监视技术项目转移至"战略防御计划"，即"星球大战计划"。

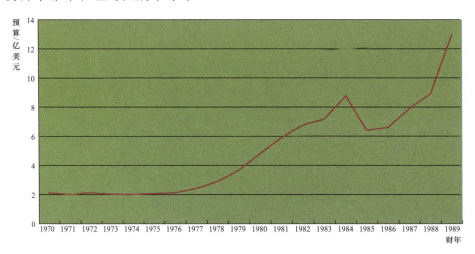

图1-4　1970—1989财年DARPA预算情况

20世纪80年代中后期，DARPA继续移交技术项目，并将投资重点转向了战略计算等新项目。战略计算包括超高速集成电路、微波与毫米波单片集成电路、半导体制造技术联盟等项目,其中半导体制造技术联盟项目由国会指定,从 1988 年起每年投资 1 亿美元,共投资 5 年,帮助美国半导体公司应对国外的竞争。另外,在国防部长和国会要求下,DARPA 启动了装甲与反装甲、水下战和用于指控与通信的小卫星等新项目,继续对抗苏联优势。

总体而言,DARPA 在这一阶段以国家安全需求为导向,超前探索精确打击、隐身、情报监视侦察等技术,成功支持了美国"第二次抵消"战略;DARPA 验证的系统概念,推动了创新性技术向军事能力的转化,奠定了美国未来几十年的绝对军事优势。

1.4 变革期(1990—1999 年)

这一时期,由于冷战结束,DARPA 在军用技术研发方面,着力解决近期关键需求,并一度聚焦军民两用技术研发。1991 年底苏联解体,美苏两极对抗格局消失,服务于美苏军备竞赛的 DARPA 面临何去何从的问题,DARPA 开始寻找国家安全面临的新问题。但因美国当时并不存在明显的重大战略威胁,DARPA 整个 20 世纪 90 年代的战略着力点都聚焦于近期国家安全需求。

1.4.1 关注信息技术和低成本技术

1991 年,美国发动针对伊拉克的"沙漠风暴"行动(即第一次海湾战争),在短短 38 天内就取得了胜利。不过,战后评估发现美军尚有诸多能力不足,尤其在 C4ISR 领域,突出表现是通信带宽、机动作战指控、大范围监视、目标识别、态势感知等存在缺陷。国防部和国会希望 DARPA 帮助解决这些现实问题。为此,DARPA 开展了与 C4ISR 相关的计算机系统与通信、综合作战控制、材料、电子等技术项目,1993 财年这些项目约占 DARPA 总预算的三分之一,如表 1-3 所列。

表 1-3 1993 财年 DARPA 项目预算金额及比例

项目	预算/亿美元	占比/%
技术再投资计划	5.62	24.99
计算机系统与通信	3.47	15.43
先进系统概念验证	2.87	12.76

续表

项目	预算/亿美元	占比/%
材料与电子技术	2.55	11.34
电子制造技术	2.19	9.74
综合作战控制技术	1.52	6.76
国防研究科学	1.1	4.89
战术技术	0.98	4.36
半导体制造技术联盟	0.95	4.22
其他	1.24	5.51
合计	22.49	100.00

此外,随着冷战的结束,国防部迅速削减武器装备采购费。各军种对 DARPA 先进技术的需求相应降低,但对降低武器装备成本的技术需求却不断增大,促使其研发了非制冷红外成像等低成本技术。

1.4.2 研发军民两用技术

20 世纪 80 年代末,日本成为仅次于美国的经济大国,加拿大、欧洲、韩国、新加坡等国家和地区的经济也在快速发展。而冷战时期的军备竞赛给美国带来沉重负担,民用经济和科技遭受冲击。在此背景下,20 世纪 90 年代初,民主党将提升经济竞争力作为其内外政策主张的核心,支持政府研究机构与企业合作研发军民两用技术。1992 年,民主党控制的美国国会通过《1993 财年国防授权法》,将 DARPA 更名为 ARPA,赋予其推动两用技术研发的使命;同年通过的《军转民、再投资和过渡援助法》授予 DARPA 为期三年总投资近 10 亿美元的"技术再投资计划",研发军民两用技术。"技术再投资计划"并未得到在任老布什政府的支持,直到 1993 年 1 月克林顿上台后才得以实施。该计划使 1993 财年 DARPA 预算迅速增长,并占到总预算的四分之一(见表 1-3);DARPA 利用这项计划先后资助了 133 个军民两用项目,涉及信息基础设施、便携式高能电池、车辆、航空、电子设备及机械设备设计与制造、材料和结构制造等技术。

1994 年,共和党控制的新一届美国国会认为,DARPA 两用项目的商业价值大于军事价值,于是终止了"技术再投资计划",并在《1995 财年国防授权法》中将该机构名称从 ARPA 改回 DARPA。

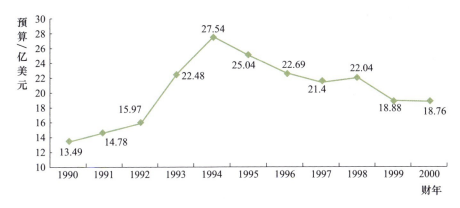

图1-5　20世纪90年代DARPA预算因两用技术项目而激增

1.4.3　发展信息和生物战防御技术

1995年之后，美国开始重新审视21世纪的安全环境，意识到威胁日益多样化，包括潜在对手的导弹和潜艇大量部署、地下设施建设，以及核生化武器扩散、恐怖主义威胁等。DARPA在继续投资信息技术的同时，开始启动移动目标打击、大规模杀伤性武器防御、天基雷达等技术研发。

1.5 成熟期（2000—2024年）

2000年之后，世界经历了深刻的技术、经济和地缘政治变革。21世纪初，美国以反对恐怖主义威胁的名义，发动了阿富汗战争和伊拉克战争；中国和俄罗斯不断推进军事现代化，削弱了美国的绝对军事优势；全球化使先进技术迅速扩散，美国长期独享的技术优势面临被弱化的威胁。在这种背景下，美国的国家安全战略和军事战略不得不在远谋与近虑之间徘徊抉择。

1.5.1　聚焦反恐作战需求

2001年9月11日，在本土遭受重大恐怖袭击后，美国立即以打击本·拉登"基地组织"为名，发动了阿富汗战争；2003年又以伊拉克藏有大规模杀伤性武器和支持恐怖分子为由，发动了伊拉克战争。与此同时，时任国防部长拉姆斯菲尔德推动激进式军事转型，实行"基于能力的规划"，要求大量将高新技术嵌入到作战装备中,以打造美国应对所有军事挑战的优势能力,同时强调满足正在进行的两场反恐战争的现实需求。

2001—2009 年,安东尼·特瑟(Anthony Tether)担任 DARPA 局长,成为迄今任职时间最长的一任局长。他认为 DARPA 出现了定位不清、思想僵化倾向,明确将 DARPA 的职能定位于"填补基础性发现与军事应用间的技术死亡谷"。他认同拉姆斯菲尔德的主张,将 DARPA 投资分为战略重点和核心技术两类,兼顾近期和远期需求。其中,战略重点聚焦近期国家战略需求,所属的大部分项目都与现实作战需求有关,如表 1-4 所列;核心技术旨在为远期军事能力发展提供技术推动力,包括材料、微系统、信息、量子、动力与能源、数学、制造和激光等技术。

但在反恐作战需求推动下,DARPA 并没有很好地兼顾战略重点和核心技术两个方面。特别是 2006 年盖茨接任国防部长后,美国防部终结了"基于能力的规划"的军事能力发展思路,转而回到"基于威胁"思路上,将着力点放到尽快结束在伊拉克和阿富汗的战争上,DARPA 的资源也大量投向近期作战需求方面。

表 1-4 2003—2009 年 DARPA 规划的战略重点

2003 年	2005 年	2007 年	2009 年
反恐	探测、识别、追踪和打击隐蔽地面目标	稳定、安全的可自组网络	稳定、安全的可自组网络
确保太空的使用	稳定、安全的可自组网络	探测、识别、追踪和打击隐蔽地面目标	探测、识别、追踪和打击隐蔽地面目标
网络化的有人和无人系统	网络化的有人和无人系统	城市作战	城市作战
稳定、安全的可自组网络	城市作战	先进的有人和无人系统	先进的有人和无人系统
探测、识别、追踪和打击隐蔽地面目标	探测、识别、追踪和打击隐蔽地面目标	探测、识别和评估地下设施	探测、识别和评估地下设施
识别地下设施	确保太空的使用	太空	太空
生物革命	认知计算	提高作战保障能力	提高作战保障能力
认知计算	生物革命	生物革命	生物革命

在特瑟任职期间,DARPA 预算快速增长,从 2001 财年 19.77 亿美元增长到 2009 财年 30.15 亿美元。此后虽有波动,但总体处在高位,如图 1-6 所示。

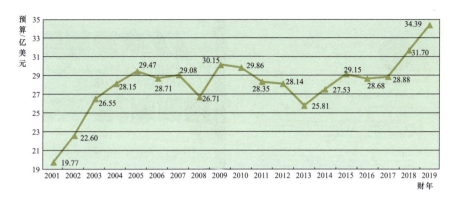

图 1-6　2001—2019 财年 DARPA 预算变化

1.5.2　聚焦远期军事需求

2009 年奥巴马政府上台后，大幅调整国家安全战略，确立了"重振国家、领导全球"的战略方针，提出"通过建设和培养自身实力和影响力之源泉，重树世界领袖地位"的基本方略，并发起重返亚太的"亚太再平衡"战略。2014 年 9 月，美国国防部发起了"第三次抵消"战略，以求重树 2025—2030 年的绝对军事优势。

在上述背景下，DARPA 开始调整投资重点，将重心转向远期军事需求。2013 年，美国国防部发布了 1995 年以来对 DARPA 的新版指令，明确了 DARPA 的两类研发任务，一类是对未来国家安全具有重大潜在影响、超越现实需求的创造性、创新性研发；另一类是搭接基础性研发成果与军事应用之间鸿沟的高风险、高回报、变革性研发。

据此，DARPA 于 2015 年 3 月发布《保障国家安全的颠覆性技术》战略文件，如图 1-7 所示，提出"DARPA 的使命是超越当今现实，聚焦未来潜力。具体而言，其职责是识别未来若干年可能改变当前安全发展轨迹的技术进展，既包括可能颠覆美国当今稳定局面的技术进展，也包括可能增进美国与全球稳定的技术进展"。该文件以国家安全远期需求为导向，提出四大投资重点：一是替代复杂武器系统，包括制电磁权、不依赖 GPS 的定位导航授时、高超声速、空中、太空、海上、陆地、反恐武器系统等八个方向；二是掌控信息爆炸，包括大数据利用、可靠信息系统两个方向；三是利用生物技术，包括合成生物技术、降低传染病威胁的新方法、新的神经技术三个方向；四是扩展技术前沿，包括数学、化学、工艺、材料、量子物理学等。

图 1-7　DARPA 2015 版指令文件和战略文件

1.5.3　聚焦大国战略竞争

2017 年,特朗普政府上台后发起"大国竞争"战略,着眼于巩固未来全球霸主地位,将中国、俄罗斯作为美国国家安全的"首要关切"。2021 年,拜登政府上台后将中国作为首要战略对手,提出实施"一体化威慑战略",寻求通过不断的技术更新和促进新兴技术军事应用,扩大军事优势。在此背景下,DARPA 预算持续攀升,从 2019 财年 34 亿美元跃升至 2023 财年 41 亿美元,2024 财年进一步增至 43.88 亿美元,再创历史新高。

2021 年 4 月,DARPA 局长斯蒂芬妮·汤普金斯,在参议院拨款委员会国防分委会组织的"国防研究与创新"听证会上,系统阐述了 DARPA 最新发展方向和重点:一是对抗同级别对手,致力于构思全然不同的作战场景,利用动态、协调、灵活的作战架构,获得压制同级别对手的非对称优势,发展重点包括新型作战架构、灵活响应太空作战、恶意网络攻击溯源和高超声速;二是面向当前和未来的作战创新,致力于利用先进生物技术,提升部队战备水平、保护作战人员,发展重点包括遏制疫情、延长黄金救援时间以及服务伤员;三是促进美国的创新,致力于将基础研究、原理验证和早期技术开发阶段的"不可能"想法变为"可能",通过高风险、高回报项目催生变革性影响,发展重点包括人工智能、微电子、5G 网络、量子信息以及培育创新基础。

2024年3月，美国国防部披露2025财年DARPA预算文件，从中可以看出，未来DARPA将重点投资网络中心战、微电子、太空、人工智能、网络安全、先进材料、生物制造等技术领域，这些都与美国防部重点布局的14个关键技术领域高度契合，表明DARPA正以大国竞争战略为牵引，推进突破性技术创新。

第 2 章

DARPA 的组织结构

DARPA 采用扁平化组织结构。局长作为最高领导人，下设局长办公室及其领导下的技术办公室和行政办公室。局长办公室和技术办公室是 DARPA 的业务管理主线。目前，DARPA 约拥有雇员 320 人，其中局长办公室约 15 人，行政办公室 85 人，技术办公室 220 人。各技术办公室主要由 DARPA 短期聘用的近 100 名项目经理组成，他们属于政府雇员，管理着约 230 个项目，是 DARPA 正确选择、组织、推进颠覆性研究项目的灵魂人物。

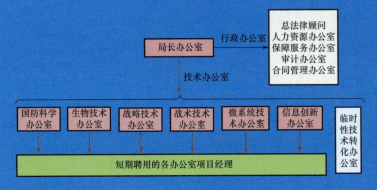

图 2-1　DARPA 组织结构

2.1 DARPA 局长

局长是 DARPA 最高领导者,由国防部长提名、参议院批准,虽然没有任期限制,但一般不超过 5 年。局长自身的科学素养、战略眼光、管理习惯决定了其任期内 DARPA 的发展战略、业务流程和科研作风。

DARPA 局长人选没有成文规定,但梳理 23 任局长的履历(详见附录 1),不难发现 DARPA 局长一般拥有丰富的管理经验和较高的科学素养,任职前多在政府、企业、大学等部门从事科研管理工作,如图 2-2 所示。其中,企业是 DARPA 局长的首要来源,首任局长约翰逊任职前是通用电气公司副总裁,其他来自企业的局长几乎都有过政府任职经历和创业经历;来自国防部、国家航空航天局等政府部门的有 7 位,任职前一般担任科学顾问、技术领域负责人、实验室主管;直接从 DARPA 内部选拔的有 4 位。除了前 2 任局长,其他 21 任 DARPA 局长都有着深厚的技术背景,其中 20 任拥有理工科博士学位。这些局长中,许多都是著名科学家,如第 8 任局长海尔迈耶是"液晶显示器之父",第 16 任局长林恩先后出版过 40 余部有关雷达、战略与战术监视系统等的著作。

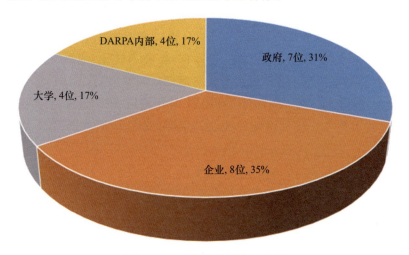

图 2-2　DARPA 局长来源分布

2017 年,国防部发布新版 DARPA 指令(DODD 5134.10),详细规定了该局局长的使命任务、工作职责、工作关系、相关权力等,详见附录 2。概括而言,DARPA 局长的主要职责包括:DARPA 的组织管理、资源分配与监管、研发方向规划、重点项目安排与指导,以及任命办公室主任、聘用项目经理、与国防部其他机构协调沟通等。

在实际工作中,DARPA 局长拥有较大自主权,上级部门极少干预其内部事务决策。1999 年,美国防部国防科学委员会评估 DARPA 时指出,"DARPA 研发管理的文化和方法是独特的,独立性对其发展至关重要。虽然其管理层要定期向上级部门汇报,但一定要避免汇报流程的官僚化"。国防部长给予 DARPA 局长很大权限,甚至出面保护其免受干扰,充分体现出"用人不疑"的特点。因此,DARPA 局长可以做自己想做的任何事情,决定项目的重点次序和生死,美国政府中这样的机构并不多见。DARPA 组织管理氛围也随局长更替表现出很大不同,有些局长注重细节,任何事务都亲力亲为,如 2001—2009 年担任局长的安东尼·特瑟,对项目的具体细节和进展都亲自过问;有些局长只在重大方向性事务上做出决策,将一些细节问题放权至下级部门,如 2009—2012 年担任局长的雷吉娜·杜根。

2.2 局长办公室

DARPA 局长办公室包括局长、副局长、特别助理,以及作战联络官。局长办公室其他成员协助局长开展日常工作、分管局内相关事务。例如,特别助理通常设 4~5 名,分别负责公共事务、行政保障、技术转化、战略分析与路线制定等事务。作战联络官由各军种以及国家地理空间情报局、国防信息系统局和国家安全局等部门委派,一般具有较高级别、较深资历、较广人脉,主要任务是使 DARPA 真实了解各军种和国防局关注的实际问题,并促进 DARPA 研究成果转化。

2.3 技术办公室

目前,DARPA 有 6 个技术办公室,按研究属性可分为基础研究、未来系统技术研究、突破性前沿技术研究三类,如图 2-3 所示。它们是 DARPA 组织结构的核心,由 DARPA 局长根据战略重点的变化进行调整,因此不断演变(参见附录3)。此外,DARPA 还设有临时性的技术转化办公室。

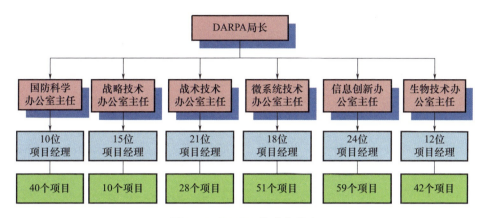

图 2-3 DARPA 技术办公室

2.3.1 基础研究类办公室

基础研究类办公室主要开展新理论、新方法、新概念、新工具等高风险、高回报的基础研究。DARPA 基础研究都有明确的应用场景,即支撑相关应用研究或先期技术研发项目。这与各军种部的基础研究不同,后者一般不面向明确的应用场景,不会设置相配套的应用研究或技术研发项目。

国防科学办公室(Defense Sciences Office,DSO)是 DARPA 唯一的基础研究办公室,专门针对特定应用场景开展基础研究,以加速基础科学技术与理论方法向应用转化。该办公室成立于 1980 年,由 20 世纪六七十年代的核监视办公室、材料科学办公室、控制技术办公室等合并而成,它也是 DARPA 历史上存续时间最长的办公室。当前该办公室重点关注自然科学、数学、自主技术、量子技术、材料与工艺等领域。

2.3.2 未来系统技术研究类办公室

这类办公室主要研发可能改变未来作战的完整系统方案和系统样机,包括作战平台、武器系统、子系统、传感器、通信等技术。DARPA 此类项目数量少,但单个项目投资金额大,有些与各军种部共同投资;涉及参研单位多,有些项目参研单位甚至超过一百多家。目前,DARPA 设有战略技术和战术技术两个办公室,聚焦未来作战系统技术研究。

战略技术办公室(Strategic Technology Office,STO)于 1969 年在弹道导弹防御项目的基础上组建,20 世纪 90 年代取消了一段时间,2006 年在先进技术、信息技术、特种项目办公室基础上重新组建。战略技术办公室超越军种作战需求，研发影响战争全局的技术，聚焦具有战略针对性及影响力的系统与子系统。具体任务是针对当前和未来国家重大威胁、战略需求，研究提出完整系统方案（含传感器、算法、交战技术等），并研制系统样机（含软硬件和算法）。当前该办公室重点关注通信、网络、电子战技术，情报监视侦察技术，基础性战略技术，定位导航授时技术等领域。

战术技术办公室（Tactical Technology Office, TTO）最早成立于1972年，1993年被拆分为陆上系统和海上系统两个办公室，2001年这两个办公室重新组合为战术技术办公室。战术技术办公室研发"高风险、高回报"的战场技术，通过在生存性、机动性、毁伤能力、隐身性等方面采用创新方法，研发可能改变未来作战、压制对手的先进技术。具体任务是以形成武器装备和作战能力为目标，研发创新型平台系统和武器系统，以及平台和武器内部的系统、子系统及相关技术。当前该办公室重点关注太空平台系统、航空平台系统、海上平台系统和地面平台系统。

2.3.3 突破性前沿技术研究类办公室

突破性前沿技术指存在改变游戏规则巨大潜力、显现出颠覆性特质的技术。DARPA致力于弥补这类技术在基础性研究与军事应用之间的"鸿沟"，牵引和推动军事能力跨越式发展。目前，DARPA设有生物技术、信息创新、微系统技术三个办公室。

生物技术办公室（Biological Technologies Office, BTO）成立于2014年3月，是DARPA最年轻的技术办公室，由原来的微系统办公室与国防科学办公室中的生物技术研究力量组成。目标是围绕国家安全，推进生物学、工程学、计算机科学等领域集成研究，催生突破性的新发现、新应用，并开展实验验证和转化研发。当前，该办公室重点关注基因编辑、微生物系统应用、人机接口、传染病快速防范等领域。

信息创新办公室（Information Innovation Office, I2O）成立于2010年，由原信息处理技术办公室和变革性融合技术办公室合并而成。主要任务是挖掘信息科学和软件领域的颠覆性技术，聚焦网络空间等新兴领域的非常规作战方式方法，研发可给美国及其盟友带来决定性优势的理念和工具。当前，该办公室重点关注认知技术、传感器与处理、大数据分析、高效计算、网络安全等领域。

微系统技术办公室（Microsystems Technology Office, MTO）成立于1999年，

以原电子系统技术办公室为基础组建。主要任务是开展小型微电子组件、系统集成方面的前瞻性研究,包括微芯片级原子钟和量子计算,推动未来军事系统变革性发展。该办公室开展的项目维持了美国在宽禁带材料、相控阵雷达、高能激光武器、红外成像等领域的技术优势,当前重点关注微处理器、微机电系统、光子设备等领域。

2.3.4 临时性技术转化办公室

为支持处于转化过程中的重大科研项目,DARPA还曾设有两个临时性技术转化办公室,分别是自适应能力办公室和航空航天项目办公室。

自适应能力办公室(Adaptive Capabilities Office,ACO)的主要职责是与各军种密切合作,研究国家重大安全挑战解决之道。重点是通过建模仿真与强有力的实验,验证体系化解决方案,将新兴技术与新作战理念、新作战条令、新作战概念相结合,促进高度一体化的联合作战能力生成。

航空航天项目办公室(Aerospace Projects Office,APO)成立于2015年,旨在响应国防部提出的"航空航天创新计划"(AII),以维持美国在未来对抗环境下的制空权。该办公室主持这项计划下的AII-X项目,负责设计和验证先进航空技术,推进新一代飞机技术发展,并致力于缩短未来航空航天系统交付周期,提高国防工业设计团队实力。

2.4 行政办公室

DARPA拥有一批长期雇员,负责保密、法律、合同、审计、人力资源等方面的行政管理事务,他们分别供职于各个行政办公室。这些办公室主要为技术办公室的管理运行提供支撑保障。不同时期行政办公室的设置不尽相同,长期存在且职能稳定的主要有4个,分别是审计办公室、合同管理办公室、保障服务办公室和人力资源办公室。

审计办公室主要负责DARPA财务管控和预算编制。DARPA的项目多且繁杂,某些项目涉及多个承包商、分包商、大学、实验室或国际组织,涉及大量财政问题,审计办公室的作用重要、责任重大。具体职能包括:项目合同的财务管理;与国会就财政问题进行联络,并与国会指定的工作人员保持沟通;组织编制和提交DARPA年度预算;维护DARPA财政管理信息系统,及时更新财务数据。

合同管理办公室为项目招标、合同签订和管理提供部分保障,主要管理非项目合同和少量项目合同。具体职责包括:向决策层就采办问题建言;向外部机构阐述 DARPA 采办政策,解答采办相关问题;负责采办流程中的其他辅助事宜,如审查和集中发布招标书。另外,还负责管理 DARPA 小企业创新研究计划。

保障服务办公室负责提供安全、情报、隐私保护、信息技术、设施、差旅、档案记录和研究服务等方面的保障,以保证 DARPA 科研活动顺利进行。下设安全与情报组、信息技术组、设施与后勤组。

人力资源办公室主要发挥人事(军职和非军职人员)管理职能,具体包括人员招聘、雇用、岗位分配,薪酬福利管理,以及制定、颁布和执行所有人事管理相关措施。该办公室又被称为"战略资源办公室",体现出 DARPA 对技术人才和管理人才的重视。

另外,DARPA 还设沟通专员,负责向公众、媒体、利益相关者宣传 DARPA 的使命、目标和成就,以获得广泛社会支持。

第 3 章

DARPA 的创新机理

DARPA从成立至今在科技领域取得大量标志性成就,不仅加强了美国的国防能力,也极大地推进了民用科技的发展。它成功的核心在于其独特而高效的创新机理。本章对此加以剖析,重点从其职能、使命定位的特殊性及其体制、机制、做法等层面,探究DARPA不断跨越科技与工程边界,推动一系列令人震惊的技术突破的本原。

3.1 特殊的职能定位

DARPA 是美国国防部下属的国防局之一,如图 3-1 所示,也是美国国防部唯一专门从事国防科技研发管理的国防局。导弹防御局、国防信息系统局、国防威胁降低局、国防后勤局等国防局也承担科技研发任务,但其科研活动都局限于支撑自身使命任务,且重点针对近中期需求。DARPA 则面向国家安全与军事能力建设的整体需求,利用政府内外优势科研力量开展颠覆性技术研发,为美国国防科技发展提供变革性思想和创新性成果,其重点放在颠覆现实能力、探索未来发展之路上。

根据《美国法典》,国防局指由美国国防部长依据法律设立,为多个军种提供保障和服务,编列在国防部长办公室的部门。国防部长指定业务对口的副部长级、助理部长级文职官员代其监管相关国防局。各国防局负责人要就本部门计划、项目、预算等事项向国防部长提出建议,说明相关事项与各军种部和作战司令部需求的契合程度。国防部长设定程序,定期评估(以不少于两年一次)各国防局管理、保障、服务的绩效与水平,确保每个国防局都有明确而持续的需求与任务。

目前,DARPA 由国防部研究与工程副部长监管,战略规划、项目计划、预算申请等也由其负责评估,并报国防部长审查。DARPA 瞄准美国各军种部、作战司令部等部门潜在需求,产出技术、技术方案和军事建设发展理念,用户并不固定,既可能面向陆、海、空、天单个军种,或信息、网络、后勤、制造等多个领域,也可能面向多个军种多个领域。国防部长从 DARPA 使命定位出发,着眼于国家安全需求与军事能力建设的全局与长远,审视 DARPA 报批事项,并进行定期评估,以保证 DARPA 能够源源不断地为各军种各领域提供先进技术,开辟创新之路。

3.2 特殊的科研使命

本节扼要阐述美国国防部的科技概念以及国防科技体系,以便于从比较中理解 DARPA 肩负的特殊科研使命。

图3-1 DARPA在美国国防部组织体系中的位置

3.2.1 美国国防部的科技概念

美国国防部的"科学与技术"(S&T)属于严格意义上的基础性科学技术研究,对应的预算科目包括:基础研究(6.1)、应用研究(6.2)、先期技术研发(6.3)(国防部科研预算科目及其定义参见附录4,其中"基础研究"和"应用研究"对应美国能源部和国家航空航天局的"研究"科目;"先期技术研发"是美国国防部的专有科目),它们又被统称为"国防基础科研"。这类研究重点面向中远期军事能力发展,探索科学发现、技术发明的军事潜力,培育并推动发现与发明向军用转化。

3.2.2 美国国防部科研管理体系

美国国会和总统是国防科技管理体制的顶层决策者,前者负责审批国防科技预算并评估、监督预算使用,后者负责统筹协调国家科技的发展,提报国防预算申请,并签署每个财年的国防授权法。国防部、能源部、国家航空航天局分别管理本部门职责领域的科技活动,其中能源部负责核领域的研发,国家航空航天局负责民用航天领域的研发。而国防部的研发覆盖面要广得多,它负责美国军事航天、航空、舰船、兵器、电子、精确制导弹药等常规装备,以及陆海空核运载器(洲际弹道导弹、战略核潜艇、战略轰炸机、核巡航导弹)技术的研发。

美国国防部研究与工程副部长是国防部科技管理体系领导者,如图3-2所示,负责制订和实施国防科技战略规划,指导协调国防部所有"科学与技术"和"先期部件研发与样机"活动。DARPA、海军部、陆军部、空军部是国防部从事科技研发的主要部门,国防信息系统局、导弹防御局、国防威胁降低局、国防后勤局等业务部门也开展少量国防科技活动。

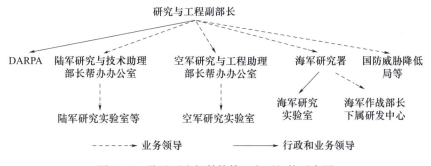

图3-2 美国国防部科技管理主要机构示意图

各军种部均设有专门负责国防科技活动的部门,下设以文职科学家和工程师为主的科研机构(参见附录5)。目前,各军种部共管理着60多个实验室和工程研发中心,它们被统称为"国防实验室",如图3-3所示,总计约7万人,其中科学与工程人员超过4万人。这些国防实验室在国防科技业务上接受国防部研究与工程副部长的指导,以及各军种部科技主管机构的领导,它们研发的技术主要用于满足各军种需求。

以海军研究署为例,它成立于1946年,是二战后美国成立的第一家专门从事科学研究的政府机构,现负责管理美国海军和海军陆战队的"科学与技术"计划,监管海军敏捷办公室、海军研究实验室等机构。其主要通过向国防实验室、大学、非营利组织和企业提供资助,促进和鼓励科学研究,以维持未来海军力量竞争优势,并维护国家安全。据统计,如图3-4所示,海军研究署的经费中,有8%投入到快速响应及其他支撑作战部队现实需求的研发项目;30%用于采办保障,即培育五年内可转化应用的技术;12%用于先期创新,支持技术原型样机开发和验证;45%则投入到发现和发明,用于开展基础研究和应用研究。

海军研究署也开展远期探索,但产出的颠覆性技术较少,主要有以下三个原因:一是这些探索主要由大学完成,以基础研究为主,研究与应用之间存在脱节;二是投向远期探索的经费非常有限,难以为某个项目提供充分、持续的资助;三是局限于海上相关技术,忽略了其他领域技术可能带来的颠覆性影响。

3.2.3　DARPA 使命的特殊性

同各军种部科技创新部门相比,DARPA 的科研使命有着显著的特殊性:一是重在构想未来作战部队所需的能力,极少面向近期武器装备技术需求;二是研究领域不受军种限制,既开展跨军种项目,也投资各军种尚未意识到、不愿或无力开展的高风险技术;三是不兴建实验室,主要依托承研单位或联邦政府其他机构(包括各军种部)的研发设施,不需要顾及科研设施的利用和维持,从而能够灵活地调整研究方向;四是依仗其特殊的职能定位,将巨大的科技投资几乎全部用于颠覆性技术研发,以充沛的资金支持新技术的早期探索,以期及早挖掘新技术的军用潜力,为各军种各领域的后续跟进研发、转化应用出新招探新路。

第3章 DARPA 的创新机理

图3-3 国防实验室是美国国防科技创新的基石

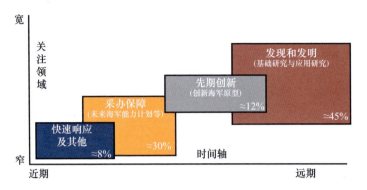

图 3-4 海军研究署"科学与技术"经费投向

3.3 别具一格的科研管理体系

DARPA 科研管理体系的突出特点可概括为"简约"二字,由此极大地摆脱了政府部门普遍存在且不得不采用的官僚制度与烦琐程式的羁绊,据实作为、灵活机动,甚至在一定程度上"随心所欲"地思而为之。

3.3.1 简单的技术办公室结构

从本书第 2 章可以看出,技术办公室是 DARPA 为掌控其技术领域和研究方向而设定的基本管理单元。它们肩负着发起和组织颠覆性技术研究的重大责任,但结构相对简单,一般设主任、副主任、管理项目的主任助理、项目分析师和项目经理等职务,如图 3-5 所示。其中,项目经理是技术办公室的主要组成人员,在 6 个技术办公室的约 200 名人员中,项目经理就有 100 名,他们均为聘期仅几年的短期雇员,技术办公室的其他人员没有聘期限制,但技术办公室主任、副主任任职时间一般不超过 6 年。

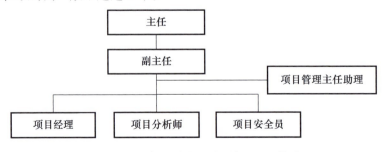

图 3-5 DARPA 技术办公室主要人员构成

3.3.2 专家型人才担负技术办公室主任

技术办公室主任(副主任)是办公室的最高领导者,同时也是所在领域的技术专家。除协助局长制定发展战略、组织和协调项目外,主要负责确定本部门的技术方向,聘用项目经理并监管项目的执行。技术办公室主任除了在技术上的知识和成就,还具备卓越的领导和管理能力。他们的背景各不相同,大多具有企业管理背景和博士学位以上的学识,很多从事过 DARPA 相关工作,绝大多数曾担任项目经理。

3.3.3 项目经理是发起和把控创新的灵魂

目前,DARPA 共有 100 名项目经理,管理约 230 个项目。DARPA 将成功的核心定位于选择、聘用、支持各领域的顶级人物担任项目经理,利用这些优秀创新人才,提出另辟蹊径的研究思路和解决方案,策划创新项目并组织外力付诸实施。

根据国会授权,DARPA 不受文职人员招聘制度限制,有权向学术界、工业界、政府或军队等部门,不拘一格选用理想的项目经理。DARPA 项目经理大多数来自企业,部分来自联邦实验室、大学和非营利机构,少数为各军种的军职人员。项目经理的招募方式主要有三种:一是同行引荐或自荐;二是从承担或参与 DARPA 项目的科研人员中择优遴选;三是根据技术方向和职位空缺面向社会公开招募。候选人员由各技术办公室主任提名,经由 DARPA 局长同意后正式聘用。

项目经理通常要满足以下标准:一是具有创造力、追求卓越、有冒险精神,能够发现和整合新想法、新概念、新技术;二是具有技术专长,至少有五年的科研工作经验,对所从事领域有深刻的理解和极强的掌控力,能够应对从基础科学到系统再到军事能力的各种难题;三是沟通与斡旋能力,能够准确传达项目愿景以获得相关领导的支持,能够有效整合技术资源将构想变为现实。有些项目经理的资历甚至高过 DARPA 局长和技术办公室主任。

DARPA 项目经理聘用期一般是 3~5 年,近年改为 4~6 年,这使 DARPA 每年能以约 25% 的比率更换项目经理。项目经理聘期结束不再续聘,且其负责的项目也被封存,不再接续开展研究。因此,DARPA 要求项目经理只规划短期研发项目,不要作长远构想。后续项目经理即使开展相同方向的研究,也必须提出新的设想,这使项目经理的影响集中在自己聘期内,不会左右或影响后续项目经理的工作。

项目经理一经聘用就成为联邦政府雇员,并得到充分的信任和授权,负责制定和推荐可能会带来变革的新项目,他们在项目开始、继续或终止以及经费的使用上,只需要说服所在技术办公室的主任和DARPA局长即可,而不受同行评议机制的约束,从而摆脱了官僚体系的束缚。DARPA的行政部门仅辅助技术办公室开展事务性工作,不能干涉项目,局长和技术办公室主任也仅在项目重大节点决策时起作用。

项目经理聘期结束后,大多回归原来的企业、大学或其他岗位。也有少部分由于其卓越的能力留在DARPA。例如DARPA第20任局长阿尔提·普拉巴卡尔曾在1986年担任项目经理,其后成为微系统技术办公室首任主任。

3.3.4 围绕科研管理设置辅助性岗位

DARPA技术办公室内部还设有诸多辅助性岗位,支撑技术办公室主任和项目经理的工作。

项目管理主任助理。在项目管理方面,为技术办公室主任提供帮助。该岗位任职人员大多具有资深的商业和金融背景以及长期工作经验,主要负责管理财务、把控业务运行等事务,具体包括:宏观把握所在办公室所有项目的计划、预算与执行情况;编制规划和预算文件;掌握资金流向,监控合同商的成本与项目进度;支撑筛选和利用商业资源;辅助办公室内部管理等。此外,微系统技术办公室还设有专门针对下一代微电子制造计划的项目管理主任,职能类似于项目管理主任助理。

项目分析师。作为项目管理主任助理的下级岗位,配合项目管理主任助理支撑技术办公室主任的工作,包括财务管理、业务运行相关工作。目前只有国防科学办公室和战术技术办公室设有这一岗位;微系统技术办公室设有与之类似的项目支持助理岗位。

项目安全官。负责确保本办公室的信息保密、数据安全,针对本部门安全程序的评估、管理等问题向办公室主任/副主任提出建言,为程序、系统安全提供专业支持。

技术助理。项目经理的重要助手,帮助项目经理开展项目管理、技术评估和资源调配等工作。他们通常具有专业背景和技术知识,可以提供技术支持和指导。

3.4 简便而合规的项目全流程管理

DARPA 的项目管理流程覆盖从新想法、新创意、新概念产生,到项目招标和实施,再到最终转化的过程。这个流程可划分为三个大阶段,依次为:项目规划阶段、项目实施阶段、项目转化阶段。

3.4.1 项目规划阶段

DARPA 项目规划阶段的流程如图 3-6 所示,包括意向产生、立项、论证、招标、评标和签订研发协议等过程。这一阶段结束的标志是承包商及项目方案获得局长批准,项目启动实施。

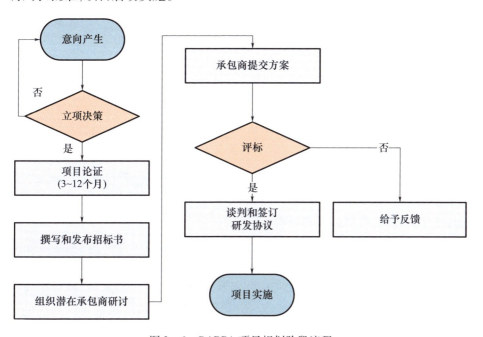

图 3-6 DARPA 项目规划阶段流程

▶ 1. 意向产生

DARPA 项目意向是上级和下级(包括潜在承研单位与个人)共同推动的结果,有些项目上级推动作用强一些,而有些下级推动作用强一些。项目经理是统筹上级和下级想法的核心人物,必须理解上级提出的国家安全层面需求,还要敏锐捕捉技术机遇,做出大胆的判断和决策。

项目经理可以发布意见征集书(RFI),以收集用于规划项目的各方意见。意见征集书内容包括背景、需要解决的问题、提交格式、提交方式及其他注意事项。所收集的意见仅用于项目规划,与项目招标没有必然联系,DARPA 也没有义务给意见提供者任何反馈或指导,因此各方的响应是自愿的、无偿的。只有 DARPA 官员、政府机构或保障服务商能看到征集到的意见,如果意见得以采纳并最终立项,提供者很可能获得资助。

DARPA 项目经理需要拜访科学家、工程师、大学教授、作战人员等任何可能提供帮助的人,以识别各军种的类似研究,确定项目范围,并考虑未来的技术转化。项目意向完善后,项目经理需说服技术办公室主任和局长,以获得支持。项目经理必须回答五个问题:①想法是什么?②目前是怎样做的,有什么实际困难?③这种想法有什么独特之处,怎样看出它能成功?④如果确实成功了,会带来什么样的变化?⑤研究所需时间和经费估计有多少?只有 DARPA 局长决定资助新意向后,项目经理才启动论证工作。

▶ 2. 项目论证

当 DARPA 局长批准意向后,项目经理还需要进行项目论证,以让项目预期效果更加清晰、完整,同时保证所提出的项目能够在有限的时间和资金投入下达到可能的效果。论证过程因项目不同而长短不一,有的项目可能仅需几个月,有的则长达一年。如"革新假肢"项目,2004 年 6 月陆军上校杰弗里·林成为项目经理,开始推动这个项目,2005 年 4 月底才完成论证,据此推测该项目论证时间超过半年,其间还赴伊拉克战场调研需求。

项目论证由项目经理组织,主要采用两种方法:一是专家研讨,邀请专家进行小范围的讨论,以获得业界反馈意见;二是概念验证,进行可行性分析,最终结果以报告或演示呈现。例如,波斯顿公司开展的"大狗"机器人项目,当初设定的期望效果是"建造一个能行走的后勤保障系统,以在传统车辆无法到达的地理条件下机动地运送物资",经过论证后才确定研发一个类似"狗"的机器人。一般情况下,经过论证的项目都能立项并进入招标阶段。因此,为确保项目资金及时到位,其预算申请编制往往伴随论证展开。如"革新假肢"项目中的应用物理实验室于 2006 年 2 月 9 日获得 3040 万美元的第一阶段合同,这笔预算于 2005 年 2 月就纳入 2006 财年预算申请之中,同时还为 2007 财年提出 2000 万美元的初步预算安排,而项目招标书是在 2005 年 4 月底才发布的,说明该项目处于论证阶段，就编制好了预算申请。

3. 项目招标

项目论证结束后就开始招标和评标工作，以找到最合适的承包商和项目方案。对因涉密而不宜公开的项目，DARPA 主要通过邀标方式招标；而对于非涉密项目，DARPA 主要采用发布"跨机构公告"①的方式公开招标，以广泛吸引社会科研力量献策，择优利用。本部分重点介绍这种公开招标过程。

项目经理根据项目论证结果和"跨机构公告"模板拟定招标书，技术办公室主任和合同管理办公室进行审查，最终由合同管理办公室通过 DARPA 官网、国防创新市场网站、联邦合同机会网站发布。这些"跨机构公告"将至少在网上保留一年。所有满足政府需要、安全可靠的研究机构或个人均可提交竞标方案，但政府科研机构和联邦资助研发中心不能投标，除非它们明确证明所提方案不宜由私营机构实施，并获得其主管部门授权。非美国组织或个人，若能遵守相关保密协定、安全规定、出口管理法规，以及美国政府其他法令，也可参加投标。在非涉密情况下，投标方需将投标电子材料上传至 DARPA 的标书提交系统，也可以将标书邮寄或上传至政府资助网站的标书提交系统。

为提高投标质效，DARPA 采取了一系列措施，主要包括：一是组织工业日活动，DARPA 会在招标书发布后数日内组织工业日，由项目经理会见潜在合作伙伴，向他们详细介绍项目期望达到的效果；促进项目申请者之间交流，为他们组建合作团队提供机会。二是通过摘要反馈机制与申请者互动，项目申请者在提交最终方案前可先向 DARPA 提交摘要，供项目经理审查，项目经理会在半个月内将审查意见反馈给申请者，告知对方自己对方案摘要是否感兴趣，以避免申请者浪费不必要的时间和精力。如果项目经理对方案摘要提出负面审查意见，申请者也可以提交最终方案，且对摘要的审查意见不影响对最终方案的审查。三是设立特定的问题咨询邮箱，供申请者咨询投标资质、利益冲突等问题。项目经理在招标书发布后，根据拟投标各方的反馈意见不断修正招标书，例如，有的技术领域成本难以估算，项目经理接到这方面的反馈意见后，可能会删掉招标书中有关该技术领域成本估算的要求。

4. 项目方案评选

各技术办公室组织人员对征集到的项目方案进行基本审查和科学审查，审

---

① "跨机构公告"（Broad Agency Announcement，BAA）是美国法定的政府部门的一种招标书，仅用于基础科研项目，公告的核心内容是说明研究的目的、标书筛选准则、标书编制与提交要求等。

查人员除 DARPA 雇员，还包括提供运营和技术支持的服务商。科学审查结束后，项目经理会向选中的申请者发出通知，要求呈交更详细的方案。得到详细方案后，项目经理将组织更为严格的论证，最后通过论证的方案将获得资助。

基本审查属于形式审查，DARPA 项目在该环节主要看方案是否完整、申请者是否具备必要资质（如联邦资助研发中心与企业竞争时，必须获得授权）、申请单位是否具有潜在的组织利益冲突等。科学审查是美国法定的科技项目审查方式之一，DARPA 项目经理确定审查的标准，不同项目审查标准略有不同，但一般按重要性高低依次为：总体科技价值、潜在贡献及与 DARPA 使命的相关性、进度安排的可行性、申请者的能力和相关经验、经费需求的可行性。多数情况下，项目经理会同时资助某一项目的不同方案，所以 DARPA 项目通常由多个研究机构共同承担，他们之间既有合作，又有竞争。科学审查的流程详见第 4 章。

3.4.2 项目实施阶段

DARPA 项目管控重点体现在项目进度、经费与合同三个方面，里程碑审查是重要管控节点，项目如果通不过里程碑审查，可能被撤销或归并到其他项目中。

在项目实施过程中，项目经理作为主要责任人，负责监督项目目标实现和经费开支情况，并及时进行调整，将风险降至最低。为严格管控项目进展和经费使用，项目经理会视具体情况设定里程碑节点。项目经理每周都会听取合同管理官的汇报，定期进行现场考察，并按里程碑节点进行项目整体和具体方案的审查。

DARPA 局长和技术办公室主任会听取项目经理关于项目进展的汇报，评估项目整体进度。对于评估结果显示风险较高的项目，会要求项目经理制定并实施风险消减措施，消减成功便进入下一阶段，消减失败就会调整项目。当项目进展缓慢、看不到成功的希望或出现优先级更高的项目时，项目可能会被终止，原先分配给项目的资金会被用于更有希望攻克的项目。

1995—1998 年担任局长的林恩接受采访时称，"他每隔半年对所有项目从 1 到 5 进行打分，1 代表了最高优先级，技术办公室主任可以看到分数，当得分 1 的项目需要资金时，就取消得分 5 的项目"。

3.4.3 项目转化阶段

DARPA 认为研究成果向军事能力转化绝非易事，将颠覆性技术成功转化到军事、商业或其他部门,形成变革性影响可能需要多年时间。例如,DARPA 在 1969 年就研发出阿帕网技术,但直到 1990 年左右才成功转化应用,用了 20 年时间。因此,DARPA 在项目规划阶段就顾及成果转化,充分考虑企业、军队、学术界对转化的联合推动作用,制定专门转化策略,明确通过多种转化途径,尽量利用研究成果。途径包括:

向作战部队直接转化。将 DARPA 研发的军事系统直接交给作战部队使用。如 DARPA 与美特种作战司令部签署成果转化备忘录,将 2010 年研发成功的"自主实时地面全覆盖监视成像系统"(ARGUS-IS)交由后者使用,配装美空军特种作战部队无人侦察机,为驻阿富汗部队提供了高分辨率三维数据。

向各军种部转化。这是 DARPA 最常采用的转化途径。DARPA 完成早期技术研发或验证后,将成果交给各军种部的科研或采办部门,由各军种继续资助研发。转化方式可分为三类:①移交整体项目,包括为开展 DARPA 项目建设的研发设施,如 DARPA 在 20 世纪 90 年代将潜艇研发设施和项目整体移交给海军,奠定了海军在这方面的研究基础。②移交技术验证样机,由相关军种开展后续研制或改进,如 DARPA 将技术验证型微型显示器和智能头盔式显示系统移交给陆军,由后者升级后使用;将 20 世纪 90 年代资助研发的"全球鹰"无人机样机移交美空军项目办公室,由后者继续研制。③移交技术成熟度较低的项目成果,这类成果在项目结束时达不到转化应用的程度,通常由隶属相关军种部的国防实验室开展后续研发。

向企业转化。这是 DARPA 较为广泛地采用的转化途径,成果转化通常带有商业目的,但最终都会使美军受益。转化方式主要包括三类:①将成果交给具备制造能力的国防企业或承研单位,由其将新技术用于军事装备并推荐给军方,如 DARPA 资助洛克希德·马丁公司完成"铜斑蛇"导弹研发,后被美军所用;②先将新技术转化至民用领域,利用商业力量推动技术进一步发展,提高成本效益,促进产品在军事系统中的应用,如 DARPA 在新型集成电路技术方面,往往先依托民用市场大幅降低成本;③通过创新性技术项目或成果培育催生新企业,如 1982 年成立的 Sun 微系统公司就是在 DARPA 大规模集成电路项目的基础上组建,后来成为世界上最大的 UNIX 系统供应商和开放式网络计算的领导者。

其他转化途径和技术溢出。DARPA 的很多技术成果诞生后会被暂且搁置,待日后需要时进一步研发和应用。DARPA 在不断向新研究领域突围的同时,会充分利用过去和当前研究项目所积累的技术,满足美军的一些即时需求。技术溢出也是 DARPA 体现自身价值的重要方面,美国计算机、通信网络、航空航天、先进制造等高科技领域的发展大多与 DARPA 密切相关,其中互联网、全球定位系统、砷化镓、语音控制系统等,更是提升了人们的生活水平,带动了美国经济的发展,如表3-1所列。

表3-1 DARPA四项典型成果的投入产出分析

技术成果	DARPA投入/亿美元	产业带动价值/亿美元	技术产业带动力/倍
互联网	0.04	35000	875000
全球定位系统	0.06	700	11667
砷化镓	6	58	10
语音控制系统	0.06	140	2400
总计	6.16	35898	5830

DARPA自身、美国军方(国防部、各军种部、作战部队)、工业界,乃至国会,都在DARPA技术转化过程中发挥着重要作用,如表3-2所列,它们环环相扣,缺一不可,只有当四方都发挥其应有作用时,技术转化流程才能顺利、有效推进。

表3-2 DARPA技术转化过程中各方发挥的作用

角色	任务
DARPA	·保证以高标准对所有项目进行直接的技术管理
	·保持与作战部队的联系,确保对军用需求的理解
	·编制计划时做充分准备,在技术项目早期就明确转化路径
	·与军事组织建立合作,充分发挥联合效能
	·对成功进行了验证的项目给予足够的资金支持
	·通过对作战任务的分析和研究,展示技术需求
	·确定"窗口机遇期",从而使技术可以被应用到军事系统中
美国军方	·指派高素质和具有远见的科学家和工程师为DARPA工作,同时做好DARPA与军方之间的沟通工作
	·检视军方未来共性技术需求,并让DARPA了解这些需求
	·参与技术转化计划的编制;建立本财年以后的投资预算,以保证技术的转化应用
	·支持与DARPA的联合投资技术项目
工业界	·提供好的想法来增强军事能力
	·编制项目计划,使技术进展可视化
	·认识DARPA技术重点和需求,从而调整独立研发投资
	·通过了解未来军事需求,协助制定技术转化计划
	·寻找恰当机会,将DARPA项目成果应用到军事系统中
	·协助DARPA,确保军方了解新技术所具有的军事应用潜力

续表

角色	任务
美国国会	·认识到军事技术需求可能并不出自作战需求
	·支持 DARPA 进行"高风险、高回报"技术研发
	·作为准风险投资者,认识到面对未来技术潜力坚持到底的重要性
	·通过灵活的拨款政策,支持联合项目,并支持技术转化流程
	·认识到资金专款专用对 DARPA 项目成功的重要性

3.5 特殊的集智型计划或项目

除了通过别具一格的科研管理体系与简约的项目管理激发和促进创新外,DARPA 还设立一系列不拘一格的计划或项目,一方面广集创新智慧为其所用,另一方面也为创新者们提供施展才华的机会。

3.5.1 挑战赛

美国《2003 财年国防授权法》授权 DARPA 通过组织挑战赛来获得创新性想法,以将国防承包商、创新型企业、各式各样的发明家、大学研究学者组织到一起,让他们在同一起跑线各显其能。作用主要在于:一是通过赛事,让来自社会各方面的研究团体和个人直观展显其技术,使 DARPA 了解某个领域或某类技术的发展水平,发现技术发展的新途径;二是通过赛事,在促进技术竞争的同时,推动各方集智创新,有利于 DARPA 吸收相对成熟的技术。

1. 自动驾驶车辆挑战赛

为加速可用于军事的自动驾驶技术研发,DARPA 于 2004 年、2005 年、2007 年组织过三届自动驾驶车辆"大挑战赛"。

2004 年 3 月,DARPA 举办首届自动驾驶车辆"大挑战赛",卡内基梅隆大学、斯坦福大学、麻省理工学院等顶级理工院校组队参加,如图 3-7 所示。在资格赛中,21 支团队需要通过赛车场长约 1.6 千米的障碍,其中 7 支团队跑完整个赛道,另有 8 支团队的成绩让评委满意,它们都进入决赛。决赛在实际路况下进行,15 支团队都没有跑完从加利福尼亚州巴斯托至弗吉尼亚州普里姆全长

240 千米的赛程,无缘 100 万美元奖金。

图 3-7 首届"大挑战赛"参赛车辆

首届赛事效果不理想,DARPA 于次年 10 月举办第二届自动驾驶车辆"大挑战赛"。本届赛事在靠近加利福尼亚州与内华达州边界的西南沙漠举行。共有五支车队跑完 212 千米的路程,斯坦福车队以 6 小时 53 分钟的成绩获得冠军,赢得 200 万美元奖金。

考虑到自动驾驶车辆需要应对城市复杂环境,DARPA 于 2007 年 11 月举办第三届自动驾驶车辆"大挑战赛",又称"DARPA 城市挑战赛"。本届赛事在加利福尼亚州维克托维尔市原乔治空军基地举办,赛场为一个面积 60 平方千米的模拟城市环境。赛场上还有有人和无人非参赛车辆行驶,以模拟真实城市交通状态。所有参赛车辆既不配驾驶员,也不遥控操作,只靠车载传感器和定位系统自主行驶。除需要表演并线、超车、停车、通过十字路口等复杂机动动作外,还必须执行模拟军事任务,包括设立检查站、完成供应任务、克服障碍物等。最终,卡内基梅隆车队的"塔尔坦"赛车以 4 个小时的成绩率先冲过终点线。这项赛事的开创性意义在于,首次向世界证明,城市车辆自动驾驶可以成为现实。

▶ **2. 网络空间大挑战赛**

DARPA 认为,发现和应对网络漏洞、黑客行为和其他感染威胁的传统做法实际上靠人工完成,过程缓慢,无法跟上威胁的变化。为克服这一弊端,DARPA 于 2014 年发起"网络空间大挑战赛",这是一项有关创建自动防御系统的竞赛活动,要求参赛系统能推理网络缺陷、实时制定并在网上部署补丁。DARPA 设立这项赛事的直接目的是,促进计算机安全、程序分析、数据可视化等网络安全相关学科取得突破性进展,从而创造能比人更快,且能识别网络攻击并做出反应的自主防御系统,颠覆网络攻防中进攻者占据主动地位的现状。

这项赛事为期两年多,从 100 多支参赛队伍中选出 7 支进入决赛,如图 3-8 所示。2016 年 8 月,7 支决赛队伍在拉斯维加斯同台竞技。它们在 DARPA 创建的计算机试验台上,利用自己研发的"网络威胁搜猎系统"应对 5000 多名"黑客"的网络攻击。DARPA 试验台所用软件从未经过检测分析,充满各种漏洞。在 8 个小时赛程中,参赛团队利用自己的"网络威胁搜猎系统"保护主机、扫描网络漏洞、维护软件使之正常发挥功能。根据这三项打分,决出这次大赛前三名,分别提供 200 万、100 万、75 万美元奖金。更重要的是,这次大赛催生出一批网络防御技术,它们将成长为未来网络威胁领域的解决方案。

图 3-8 DARPA 网络空间大挑战赛决赛现场

▶ 3. 机器人挑战赛

为识别可在军事任务和民事支援中应用的机器人技术,DARPA 在 2012 年举办了一届挑战赛,23 支参赛队伍中有 8 支队伍的人形机器人在 60 分钟的规定时间内成功完成了赛程。赛程包括 8 项救灾任务,如开车、爬楼梯、转动阀门、搬运电动工具等。其中波士顿动力公司参赛的"阿特拉斯"人形机器人身高 1.88 米,全身共装 28 个液压驱动关节,具有出色的快步行走、避障、从高处跳下、上下楼梯、单腿站立、防摔倒等功能。此后,波士顿动力公司在 DARPA 资助下,研发了"大狗""猎豹"等四足仿生机器人,如图 3-9 所示,其中"猎豹"四足机器人 20 米冲刺速度达到 46 千米/小时。

图 3-9　DARPA 资助研发的"大狗"仿生机器人

DARPA 从 2013 年到 2015 年举办了另一项"机器人挑战赛"。这场赛事分预选赛、初赛、决赛三个阶段。预选赛于 2013 年底在佛罗里达州迈阿密举行,赛事主题是机器人救灾。世界范围最先进的机器人研发组织派代表队参赛,它们围绕 DARPA 设定的救灾任务,针对研发了相应硬件、软件、传感器、人机控制接口等。预选赛选出的团队参加初赛。

2014 年,DARPA 举行机器人挑战赛初赛,除救灾外,增加了机器人执行某些军事任务的竞赛科目。在救灾竞赛方面,要求参赛团队携带可在福岛核电站这种人口密集、难以接近的灾难发生地执行现场急救任务的机器人,在 30 分钟内完成 8 项任务,允许团队和机器人之间进行有线通信,可以为机器人连上安全绳以防止其跌倒受损。在执行军事任务方面,要求参赛团队携带具备自主侦察、灵活机动、高强度等性能的机器人,重在比拼机器人关键技术,参与者包括陆军、海军陆战队以及特种作战部队等。胜出的团队进入决赛。

2015 年 6 月 5 日,DARPA 机器人挑战赛决赛在加州波莫纳市举行,来自全球的 24 支队伍(其中一半来自美国)竞争 350 万美元的奖金。比赛路线被设置成类似 2011 年日本福岛核事故的场景,每个团队的机器人必须在一小时内完成驾驶车辆、从车里出来、开门进入建筑物、定位并关闭阀门、穿过墙壁、拔插插头、清除碎石或通过特定地形、爬梯子等 8 项任务,如图 3-10 所示。参赛团队要在完全隔离、不能清楚看到机器人的区域控制机器人。为了更像灾难场景,还在团队与机器人之间设置了最高时长为 30 秒的周期性射频干扰,意味着当通信质量下降时机器人必须有自主行动能力。机器人跌倒,应能自己爬起来,如果靠人扶将扣除 10 分钟时长。各支队伍可以在比赛线路上尝试两次,将按两次的最高分进行评价,韩国科学技术院最终用时 44 分钟 28 秒完美地通过全部 8 项关卡,在这一竞赛中获胜,得到 200 万美元奖励,另外 150 万美元被美国的两支参赛队伍瓜分。

图 3-10　DARPA 机器人挑战赛

▶ 4. "阿尔法狗斗"挑战赛

为验证"空战演进"(ACE)项目研发的人工智能空战系统的作战能力,DARPA 于 2019 年 10 月发起"阿尔法狗斗"挑战赛。挑战赛原定按四轮进行,前两轮分别于 2019 年 10 月和 2020 年 1 月在约翰霍普金斯大学应用物理实验室举行,由战斗机飞行员在空战环境仿真平台上与参赛团队的人工智能系统进行 1 对 1 缠斗,第二轮难度高于第一轮。第三轮原定 2020 年 3 月在位于拉斯维加斯的空军创新工场举行,由于新冠疫情未能举行。取而代之的是 2020 年 8 月 8 日至 20 日举办的半决赛和决赛,最终苍鹭系统公司研发的人工智能系统以 5∶0 的绝对优势击败了一名经验丰富的 F-16 飞行员。

此次比赛未设奖金,但参赛团队可向潜在军方用户演示技术,并向业界展示自己的技术能力。2021 年,苍鹭系统公司被 Shield AI 公司收购,后者承担了美国空军首个人工智能试点项目,研发"蜂巢思维"系统,使飞机能够完全自主飞行,并通过强化学习来发现和执行更优的空战策略与战术。

3.5.2　"探索"计划

"探索"计划是 DARPA 主导实施的限定周期、限定投资额度的小型验证类项目,主要探索高风险、高回报概念的可行性,寻求研发样机的机遇。这项计划旨在通过资助相关研究,发现可改变游戏规则的新技术,并通过验证,决定是否进一步投资。

DARPA 推出"探索"计划的宗旨是加强面向未来的重大创新储备,并捕捉创新机遇、积蓄创新力量,以在大国竞争中抢占颠覆性创新先机。"探索"计划的基本设想是,尽可能多地筛选、发现和资助创意方案,并通过控制项目经费和周期,降低试错成本,加快对最新科技构想的响应。

2017年6月,DARPA国防科学办公室启动"颠覆性探索"计划,寻求加速颠覆性科学技术的发现与探索。2018年7月,DARPA启动"人工智能探索"计划,旨在加速探索第三代人工智能科学技术。2019年7月,DARPA微系统技术办公室启动"微系统探索"计划,探索嵌入式微系统智能和本地化处理等微系统技术前沿领域的创新概念。后两个"探索"计划设定了明确的应用方向,下文予以扼要介绍。

▶ 1. "人工智能探索"计划

在2018年"人工智能探索"计划下,DARPA共发布了9次"人工智能探索机会"。其中:"自动化知识提取"项目,旨在探索科学知识发现、管护和应用的某些自动化过程;"人工智能研究伙伴"项目,旨在探索使人工智能成为人类科学发现和科学研究过程中更有价值的伙伴;"微型仿生稳健人工智能网络"项目,旨在通过了解昆虫高度集成的感觉和神经系统,研发可映射到适当硬件的计算模型原型,提升人工智能系统性能;"智能神经接口"项目,旨在提升和拓展下一代神经技术的应用范围;"光子边缘人工智能紧凑硬件"项目,旨在探索能大幅降低硬件复杂性、信息处理时延和功耗的新型人工智能处理架构和创新性光电子硬件;"有根据的人工智能语言习得"项目,旨在让计算机具备如儿童一样的语言习得能力;"教人工智能利用被忽视信息"项目,旨在使人工智能具备更好的背景推理能力;"虚拟智能处理"项目,旨在寻求基于数学模型和表征的算法,解决国防部现实问题;"为稳健机器学习量化集成多样性"项目,旨在为理解机器学习分类算法的各种集成行为奠定理论基础。

在2019年"人工智能探索"计划下,DARPA发布2次"人工智能探索机会"。其中:"自主编队环境推理"项目,旨在研究分布式人工智能系统在有限集中协调情况下的自主编队方案;"人工智能缓解突现行为"项目,旨在利用人工智能技术的进步,在计算系统设计阶段预见可能的突现行为模型,从而避免由此引发的漏洞。

▶ 2. "微系统探索"计划

DARPA微系统技术办公室于2019年7月启动"微系统探索"计划,明确将探索范围确定在板级硬件安全、氮化物铁电材料和非易失性内存,以及大规模并行异构计算技术等领域。其中:2019年7月发布的"针对硬件中隐藏效应和异常木马的防护措施"项目,旨在探索在复杂商用现货电路板上实时检测硬件木马的技术可行性;9月发布的"并行程序汇编的高性能自动化"项目,旨在寻求高效实现大规模并行异构系统的编程。

3.5.3 "青年教职奖"计划

DARPA"青年教职奖"计划设立于 2006 年,目标是遴选美国高校和非营利科研机构的助理教授、副教授等青年教职员工,资助他们从事国防相关领域的开创性、突破性、高风险研究,从而在学术界的源头激发和促进颠覆性国防科技创新。该计划瞄准未来,培养关键学科领域的下一代科学家和工程师,让他们将职业生涯精力更多地集中在解决国防和国家安全问题。

"青年教职奖"计划资助的项目均属基础研究或应用研究,不直接涉及军事应用。通常在每年 8 月至 9 月发布研究资助公告,明确 DARPA 感兴趣的领域,近年重点关注机器学习、健康与医疗、数学、材料学、量子信息等领域。DARPA 明确遵守保密、出口管制等法律法规的美国公民、永久居民及外国公民,并符合下列条件者均可申请"青年教职奖"资助:

一是已进入高校终身教职序列的助理教授或副教授,或过去 3 年内取得美国终身教职者,或过去 12 年内取得博士学位的非营利研究机构同等级别科研人员。

二是必须就职于美国机构,从未获得"青年教职奖"项目资助,未担任过 DARPA 项目经理。

三是不就职于美国国防部或其他联邦部门的实验室,以及联邦资助研发中心。

"青年教职奖"项目一般为期 1~2 年,按每年 25 万美元的奖金资助。DARPA 还为每位获奖者配备导师,通常是与其研究主题密切相关的 DARPA 项目经理,提供项目指导和建议,帮助获奖者更好理解研究目标、DARPA 文化和项目管理过程,同时帮助他们规划职业发展。此外,还会组织研讨会,加强获奖者之间、获奖者与相关方向研究人员之间的交流和合作。DARPA 希望在项目结束后继续与获奖者保持合作。项目导师可以就项目提报"局长奖学金",获批项目可获得为期 1 年、50 万美元奖学金资助。此外,DARPA 项目经理也可从其核心项目资金或有决定权的其他渠道为青年教员提供进一步资助。

3.5.4 "嵌入式企业家"计划

高科技研发成果向有商业影响力的产品转化面临诸多挑战。DARPA 所资助研发的前沿科学和技术成果有可能创造非对称军事优势,并颠覆现有市场格局、推动持久社会变革,但由于项目团队对复杂的市场动态缺乏充分了解,往往难以获得社会融资,无法形成商业产品和盈利模式。

为此,DARPA 于 2019 年启动"嵌入式企业家"试点计划,为选定的 DARPA 项目研究团队提供创业指导以及相应的资金支持,并帮助研究团队建立与投资者之间的联系,以加速技术成果的商品化。该计划还得到了风险投资公司 In-Q-Tel 的支持①,后者为 DARPA 项目研究团队的突破性技术成果走向市场提供指导。

DARPA 提供的具体支持包括:一是为项目团队提供约 25 万美元资助,用于聘请经验丰富的企业家或企业高管,在 1~2 年内协助研究团队制定稳健的商业策略;二是为项目团队选派具有丰富私营部门从业经验的商业化导师,他们通过及早介入项目团队的工作,帮助项目团队洞察市场需求、开发商业模式、建立战略合作伙伴关系、寻找投资来源等;三是由 DARPA 私营部门过渡工作组为项目团队提供帮助,该工作组由 100 多家在规模扩张和供应链拓展方面拥有丰富经验的美国投资公司和相关企业的人员组成;四是为项目团队的科学家和工程师提供商业教育和培训,使他们更好地理解商业环境,提升他们将技术商业化的能力。

在上述支持下,DARPA 项目团队得以确定和解决商业化路径上的风险和障碍,在产品研发早期阶段就接触到潜在的投资者、产业合作伙伴、潜在客户等,从而更好地定位产品和服务,提高技术成果转化的成功率。2019—2021 年,"嵌入式企业家"计划试点期间,重点关注微电子和生物技术领域,帮助 30 个项目团队筹集到超过 1 亿美元的社会投资,催生出十几家初创企业,并帮助项目团队与企业合作伙伴达成多项联合研发协议。2021 年,DARPA 在试点基础上全面扩展"嵌入式企业家"计划,目标是在未来五年支持 150 个研究团队,加快技术从实验室向市场的过渡,重点关注人工智能等领域。

3.5.5 "工具箱"计划

DARPA 遵循开放式创新理念,积极利用企业、政府和学术机构的专业知识和新颖构想。但这些机构受资源限制难以参加 DARPA 的前沿性研究。特别是在微电子领域,集成电路设计成本飞涨,成为这些机构创新的一大阻碍。为此,DARPA 于 2020 年推出"工具箱"计划,与商业软件供应商建立合作,帮助承担

---

① In-Q-Tel 是美国的一家独立运营的国资风险投资公司,由美国中央情报局出资组建,其董事会由国防和情报界的前官员、大公司的现任或前任首席执行官,以及大学和投资行业的领导者组成,使命是识别并投资研发服务于美国国家安全利益的尖端技术。

DARPA 项目的研究机构免费或低价获得先进软件的使用权,以加速技术成果的产出。

"工具箱"计划的优势在于,它提供了一种降低研发门槛的有效方式,特别是在资源密集型的高科技领域,可消除购买高端软件的高昂成本和复杂采购流程,这对于资金有限的小型团队和初创公司来说尤为重要。这一计划还意味着研究人员无须自行研发复杂的工具,可以更专注于核心研究课题,从而提高工作效率和成果质量。

DARPA 通过与商业软件供应商谈判,签订一系列许可协议,允许研究人员使用这些厂商的专有工具和服务,包括仿真软件、计算机辅助设计工具、数据分析程序及其他应用程序。目前已有 20 家企业加入了"工具箱"计划。例如,Verific 设计自动化公司和 CEVA 已加入"工具箱"计划,参与 DARPA 项目的研究人员可以使用 Verific 的电子设计自动化软件,从而缩短创新时间;同样,研究人员也可以使用 CEVA 的无线连接和智能传感技术。项目经理决定是否在 DARPA 项目中使用工具软件,还可以在项目中分配足够资金来支付工具费用。

对参与"工具箱"计划的商业公司而言,通过深度支持 DARPA 项目研究团队,可以了解 DARPA 最新研究工作和创新成果,并有机会利用 DARPA 的前瞻性研究。同时,还可以培养潜在客户,获得新的收入来源。

3.5.6 "桥"计划

美国许多商业公司拥有大量创新技术,但因不具备涉密资质,在承担国防相关任务时无法获得充分信息。为此,DARPA 于 2022 年启动"桥"计划,旨在帮助从未承担国防项目的商业公司,特别是中小企业,获得进入涉密设施的安全许可,并在涉密情形下与国防部合作。为了使该计划的管理可控,在试点阶段对参与公司的数量加以限制,具体数量由执行该计划的 DARPA 项目经理根据需求确定。

"桥"计划采取联盟运行模式:首先,发布需求主题,由商业公司制定并提交技术方案;然后,选择和邀请公司组成一个联盟,帮助他们获得政府安全许可,包括提供相关教育和培训、调查公司外国背景等;最后,允许公司人员进入适当设施并获得敏感信息。但不允许参与联盟的公司在自有设施中存储涉密信息。

3.5.7 "众包"项目

"众包"是一种在线发布需求或问题、征集解决方案的外包任务模式。在这种模式下需求方公开他们的需求或问题,寻求更大群体帮助。这是一种开放式集智创新方法,可供政府用来加速创新创造、提高效率和效能。DARPA 从 2009 年起开始推动"众包"模式利用,以更好、更快、更有效地获取创新方案。

▶ 1. 通过社交网络寻找气球

2009 年,DARPA 项目经理表示,他们已经掌握了许多社交网络的成因:人们为了解决问题而聚到一起。但如何让社交网络迅速动员起来、如何处理社交网络中产生的信任危机等问题,研究人员仍然知之甚少。为此,2009 年 10 月 29 日,DARPA 发起了"寻找红气球"计划,以研究利用社交网络解决时敏问题的方法,同时以该活动庆祝互联网诞生 40 周年。

2009 年 12 月 5 日,DARPA 在全美 10 个地点放出 10 个高 2.4 米的红气球,并悬赏 4 万美元奖励最快找到 10 个气球准确经纬度的个人或团体。DARPA 强调,10 个气球的位置并不难找,都在大路旁边,但要集齐所有气球的准确位置,参与者必须能够建立全国性的"社交网络",发动全美网友一起参与寻找红气球,而寻找的关键是在社交网络里有效、快速地识别准确信息。

图 3-11　DARPA"寻找红气球"计划中 10 个气球释放点

活动中共 4000 多名网友在 DARPA 网站注册成为参赛者。这些参赛者在社交网站"脸书""推特"上设立专题主页宣传自己的团队,吸引更多网民加入寻找红气球的队伍。红气球升空后,全美各地的比赛团队在网上共享线索,其中还有误导对手的错误信息。

最后麻省理工学院媒体实验室获胜,时间是 8 小时 52 分。该团队创建了一种激励机制,准确报告气球位置的奖励2000美元,报告人的介绍人1000美元,介绍人的介绍人500美元,以此类推。10个气球才花了几万美元,可以借鉴。团队负责人总结认为,对于需要调动大量人力去完成的既定任务,只要有合适的激励机制,人们可以通过社交网络完成任何超越找到气球的任务。

2. 试验性公众创造的作战支援车辆研发

2011年,DARPA首次借助"众包"模式,成功完成"试验性公众创造的作战支援车辆"——XC2V的原型研发,从车辆设计到完成原型花费了不足半年的时间,大幅缩短了研制周期。

在XC2V项目中,DAPRA召集了12000名在设计和制造方面有丰富经验的成员,采用达索系统公司的V6协同工作平台,通过虚拟社区实现协作,充分发挥集体智慧,进而制定最佳解决方案。经过对150多份设计提案的评审和验证,维克托·加西亚的FLYPMode设计最终胜出,赢得XC2V设计挑战赛大奖。

第 4 章

DARPA 创新的外部支持和监督

DARPA开展面向未来战略和军事需求的高风险研究,从短期看效益并不明显,但长期看却能带来巨大回报,这一模式的成功离不开国会、国防部、各军种和社会等部门的广泛支持。本章对此进行了分析,重点从国家经费投入、法律特殊授权、军种和社会支持等层面,阐释DARPA创新获得的支持,同时对DARPA管理运行面临的外部监督进行了介绍。

4.1 国家经费投入

DARPA 成立 60 多年以来,获得的经费投入虽有过起落,但总体上保持了持续增长的趋势。特别是从 20 世纪 90 年代起,一直处在很高的水平上,2023 财年跃升到 40 亿美元以上。长期充足的预算投入促进了 DARPA 创新的持续稳定。

4.1.1 总体经费投入

1958 年,刚成立的 DARPA 接收了各军种太空项目,预算迅速增长,但随着太空项目的移交,预算迅速下降;20 世纪 60 年代末,随着几个重大战略项目的结束,预算进一步下降;1975 年之后,在美国国防部"抵消"战略(现在称为"第二次抵消"战略)的带动下,DARPA 预算逐步上涨;冷战结束后,先是因国会大力支持其发展军民两用技术,DARPA 预算在国防预算持续削减的大趋势下,逆势上涨,1994 年达到 27.5 亿美元的高峰,后因国会不再认同 DARPA 的两用技术项目,年度预算一度跌到 20 亿美元以下。

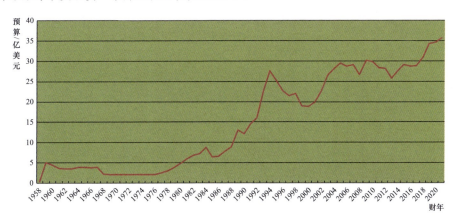

图 4-1 1958—2019 财年 DARPA 的预算变化趋势

21 世纪初,阿富汗和伊拉克战争推高了美国的国防预算,DARPA 预算再次进入持续增长期(2007 财年左右曾一度走低),从 2001 财年 19.76 亿美元增长到 2009 财年 30.19 亿美元,首次突破 30 亿美元大关。

2008 年金融危机爆发后,美国国债触顶,2010 年开始削减联邦政府开支,国防开支是重要削减项。DARPA 预算也从 2009 财年 30.19 亿美元逐步减至

2013 财年 25.81 亿美元。

2014 年美国国防部发起"第三次抵消"战略,同时奥巴马政府积极推进"亚太再平衡"战略,此后特朗普政府又推出"大国竞争"战略,这些战略都将中国视为主要对手,促使国防总预算持续增高,与此同时强力支撑颠覆性技术发展,DARPA 的预算进入高速增长期,到 2020 财年首次突破 35 亿美元。

2021 年拜登政府上台后,推行"战略竞争"战略,进一步明确中国为其首要战略对手和主要作战对象,以对华高端战争准备为牵引,谋求扩大军事优势,DARPA 预算持续快速攀升,2023 财年首次突破 40 亿美元,2024 财年进一步增至 43.88 亿美元,重点资助微电子、复杂网络、先进信息装备与信息系统、生物等领域技术,并将人工智能、大数据等前沿技术融入各个研究领域,寻求发展改变游戏规则的技术,推动形成跨域协同作战能力,以重塑美国军事优势。

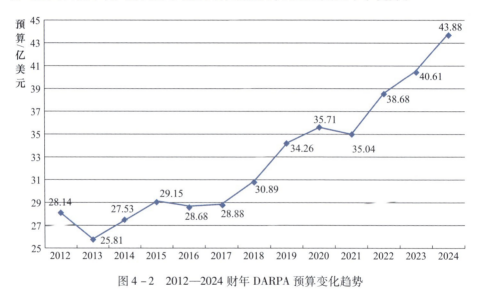

图 4-2 2012—2024 财年 DARPA 预算变化趋势

DARPA 是国防部各部门中掌握科技经费最多的部门,高于各军种部和其他国防局,2024 财年预算占国防部科技预算(即预算科目 6.1~科目 6.3)的比例在 24% 左右。

表 4-1 2024 财年美国国防部科技预算分布(单位:亿美元)

预算部门	基础研究(科目6.1)	应用研究(科目6.2)	先期技术研发(科目6.3)	国防科技
海军部	6.37	10.26	10.17	26.8
陆军部	4.97	9.48	14.56	29.01
空军部	5.84	14.33	8.91	29.08

续表

预算部门	基础研究(科目6.1)	应用研究(科目6.2)	先期技术研发(科目6.3)	国防科技
DARPA	3.62	16.26	22.86	42.74
国防威胁降低局	0.15	2.09	4.19	6.43
导弹防御局	0	0	0.39	0.39
国防部长办公室	3.48	2.75	20.06	26.29
特种作战司令部	0	0.52	1.56	2.08
生化防御项目	0.36	2.41	2.67	5.44
国防后勤局	0	0	2.08	2.08
合计	24.79	58.1	87.45	170.34

注：上述预算额剔除了诸如"小企业创新计划"等政策性开支及管理性开支，因此略低于预算总额。

DARPA 还与各军种联合开展项目，如与海军的"战术侦察节点""反潜持续跟踪无人艇"项目，与空军的"吸气式高超声速武器概念"项目。这些联合项目也得到各军种的经费支持，这使 DARPA 项目支出远远超出其预算额度。各军种主要看中 DARPA 组织高风险研发活动的灵活性和经验，将技术成熟度较低的项目交给 DARPA 实施，待技术成熟度提高后，再纳入本军种技术研发、装备研制和采办在册项目中。

4.1.2　DARPA 经费构成

DARPA 科技经费主要由基础研究、应用研究、先期技术研发三大块构成，其中应用研究和先期技术研发投量大，两者之和占到 DARPA 总经费的 80% 以上。

在基础研究方面，2006 财年以来，DARPA 对基础研究的重视程度不断提升，其经费总体呈现出持续增长态势。一方面，DARPA 基础研究经费从 2009 财年 1.87 亿美元增加到 2024 财年 3.62 亿美元，增长 2 倍；另一方面，在 2013 财年总体经费较大削减的前提下，基础研究经费仍保持增长，在总经费中的占比一度达到 14%，体现出 DARPA 重视对基础研究的持续稳定投入。

1995—2010 财年，DARPA 将 90%~95% 的经费投向了应用研究和先期技术研发。2010 财年以来，这两类经费整体呈下降趋势，这主要源于国防经费的削减。其中，先期技术研发比应用研究的波动大，这主要与某些大型项目的启动与取消相关。在国防预算削减期间，美国国防部强调经费要优先用于提高实际作战能力，而不主张一味追求先进技术。在这一大背景下，DARPA 一些过于超前的演示验证项目被取消。

从技术投资方向看，DARPA 自 2000 财年以来投资超过 30 亿美元的领域包括国防科学研究、信息和通信技术、战术技术、材料和生物技术、微电子、人工智能、指控和通信系统以及大型复杂网络技术。其中,国防科学研究涵盖了DAR-PA所有的基础研究项目,重点投资领域包括材料科学、生物/信息/微尺度科学、电子科学、数学与计算科学。战术技术瞄准有助于提高下一代战术系统性能的概念和技术,投资重点为海上作战技术、先进地面系统、先进战术系统、航空技术、大型复杂网络支撑技术。微电子是DARPA投资最大的技术领域,2024财年安排经费8.92亿美元,其中80%投向"电子复兴计划",该计划于2017年启动,已投入约27亿美元,旨在突破摩尔定律限制,强化美国在微电子技术领域的优势。

2025财年DARPA申请经费43.7亿美元预算,与2024财年和2023财年(43.88亿和40.36亿美元)相比,分别减少0.18亿美元和增加3.34亿美元。其中,基础研究经费同比下降,应用研究经费基本持平,先期技术研发经费大幅提高。

表4-2 2025财年DARPA预算构成

类别	预算/亿美元	占比	同比变化
基础研究	4.03	9.2%	11.3%
应用研究	15.95	36.5%	-1.9%
先期技术研发	22.44	51.4%	-1.8%
管理保障	1.28	2.9%	12.3%
总计	43.70	100%	-0.4%

4.1.3 DARPA经费投向

DARPA没有自己的实验设施,也没有自己的科研人员,主要进行科研项目的投资与管理,所有科研经费都以合同或协议等方式拨付给企业、大学、联邦资助研发中心、联邦实验室或其他科研力量。其中,联邦资助研发中心是美国为弥补政府和企业在某些核心领域的不足,依托大学、企业、非营利组织组建的大型科研机构,它们由依托单位运营和管理,为国防部提供或维持特定的研发和工程能力。DARPA资助的其他科研力量主要包括非营利组织和国外科研机构,后者年资助额约2500万美元。

DARPA资金主要流向企业、大学和联邦实验室。其中,企业是DARPA最为依赖的科研力量,投向企业的经费占到70%,这部分经费主要投向大型军工主承包商(如洛克希德·马丁、波音、诺斯罗普·格鲁曼、雷声技术、通用动力、BAE系统等),以及专业支撑机构(如提供IT解决方案和服务的敏捷防务公司,提供咨询、分析、工程、网络等服务的博思艾伦公司）。值得注意的是，DARPA 近年来对企业的投资集中度不断降低，小企业、初创企业等非传统供应商占比越来越大，如 2022 年排第三的安智公司就是一家小企业。大学主要从事基础性研究活动，DARPA 约 16% 的经费投向了研究型大学，如约翰霍普金斯大学。

表 4-3　2017—2023 财年 DARPA 十大供应商

排名	2017 财年	2018 财年	2019 财年	2020 财年	2021 财年	2022 财年	2023 财年
1	洛克希德·马丁	洛克希德·马丁	雷声	洛克希德·马丁	洛克希德·马丁	洛克希德·马丁	洛克希德·马丁
2	波音	波音	洛克希德·马丁	雷声技术	雷声技术	雷声技术	雷声技术
3	雷声	雷声	波音	诺斯罗普·格鲁曼	通用动力	安智	安智
4	诺斯罗普·格鲁曼	诺斯罗普·格鲁曼	约翰·霍普金斯大学	通用动力	诺斯罗普·格鲁曼	约翰·霍普金斯大学	波音
5	奥罗拉飞行科学	敏捷防务	通用动力	约翰·霍普金斯大学	西科工程	诺斯罗普·格鲁曼	博思艾伦
6	千禧太空系统	通用动力	敏捷防务	SRI 国际	系统与技术研究	波音	系统与技术研究
7	通用动力	DYNETICS	博思艾伦	蓝色峡谷技术公司	SRI 国际	博思艾伦	约翰·霍普金斯大学
8	敏捷防务	约翰·霍普金斯大学	诺斯罗普·格鲁曼	莫德纳	约翰·霍普金斯大学	通用动力	诺斯罗普·格鲁曼
9	博思艾伦	博思艾伦	伽罗瓦	博思艾伦	L3 哈里斯技术	系统与技术研究	BAE 系统
10	约翰·霍普金斯大学	BAE 系统	BAE 系统	敏捷防务	雷都斯	BAE 系统	SRI 国际
占比	70%	63%	61%	54%	46%	50%	48%

根据美国国家科学基金会统计数据，2014—2023 财年期间，DARPA 投向企业的经费高达 224 亿美元，经费占比 67.30%；其次为大学，占比 16.29%；联邦实验室占比 8.26%；联邦资助研发中心占比 3.21%，如表 4-4 所列及图 4-3 所示。

表 4-4　2014—2023 财年 DARPA 资金投向（单位：亿美元）

财年	企业	大学	联邦实验室	联邦资助研发中心	其他	合计
2014	20.36	3.95	2.21	0.59	1.12	28.22
2015	21.77	4.16	2.28	0.64	1.17	30.02

续表

财年	企业	大学	联邦实验室	联邦资助研发中心	其他	合计
2016	21.41	4.20	2.20	0.64	1.18	29.62
2017	19.81	4.20	2.59	0.91	1.44	28.95
2018	22.00	5.23	2.33	1.05	1.78	32.39
2019	20.76	6.00	3.44	1.22	1.79	33.21
2020	23.83	6.48	3.17	1.12	2.05	36.65
2021	23.46	6.41	3.12	1.09	1.99	36.07
2022	23.55	6.19	2.99	1.56	1.8	36.09
2023	27.23	7.45	3.18	1.87	2.18	41.91
合计	224.18	54.27	27.51	10.69	16.5	333.13
占比	67.30%	16.29%	8.26%	3.21%	4.95%	100.00%

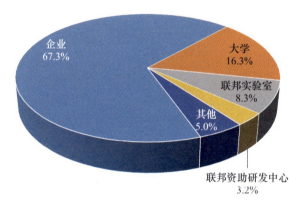

图4-3　2014—2023财年DARPA资金投向

4.2 国家特殊授权

美国法律授予DARPA的特殊授权包括其他交易授权、人事聘用权和科学审查评审方式使用权。

4.2.1 其他交易授权

根据美国法律法规，DARPA与承研单位之间可以签订四类协议，分别是采办合同、资助协议、合作协议和其他交易。其中,采办合同旨在获取产品或服务,主要与企业签署;资助协议用于投资"法律规定的对公众和联邦政府都有价值的活动",多用于资助大学、非营利机构开展公益性研究活动;合作协议主要用于政府与企业合作转化由政府拥有的成熟度较低的技术,费用通常由企业承担。

"其他交易"指除采办合同、资助协议和合作协议之外的交易方式,可以不遵守《联邦采办条例》《联邦采办国防部补充条例》的规定,也不需遵守适用于采办合同的法律法规,如《谈判真相法》《拜杜法》《合同竞争法》《成本会计准则》等。在"其他交易"方式出现前,美国国防部与商业企业的合作受到法律法规的较大限制。DARPA 首先意识到要方便地利用商业部门技术,提出需要采用新的交易方式,以比标准采办合同更加灵活的方式协商合作条款和条件。

1989 年,美国国会出台法律规定了一个为期两年的试点项目,授权 DARPA 使用"其他交易"实施基础、应用和先期研究项目。试点取得了较好效果,《1992 财年国防授权法》将该方法扩展到政府其他部门。《1994 财年国防授权法》又制定新规,授权 DARPA 将"其他交易"用于武器原型样机研发项目。《1997 财年国防授权法》扩大了"其他交易"的授权范围,将各军种部和国防部长指定的其他部门纳入进来,并延长了授权期限。

根据"其他交易"机制的应用历程,可以说 DARPA 是国防领域践行的先驱,最终撬动了国防采办制度从死板向相对灵活转变。目前,"其他交易"机制在美国国防采办中发挥着越来越重要的变革性作用,包括:吸引非传统供应商,特别是中小企业参加武器装备研制;培养国防部与供应商的新关系,特别是建立国防部与那些不愿在《联邦采办条例》框架下签署合同的非传统供应商的关系,扩大支撑武器装备建设的工业基础;支持军民两用技术项目,吸引社会资本投资武器装备相关技术;设计并执行更灵活、快速、经济的项目,避免复杂、冗长的签约过程;利用商业企业在技术研发方面的投资,同商业企业建立合作确保它们将国防需求纳入未来技术和产品的研发计划之中。

美国国会授权国防部两类"其他交易"授权,分别是"基础、应用和先期研究"与"样机"授权,并由此派生出三类"其他交易"项目,即研究类、样机类和生产类。研究类项目对应"基础、应用和先期研究"授权,旨在利用商业领域优势,促进军民两用技术研发。样机类和生产类项目对应"样机"授权,其中样机项目又称"845 节项目",须至少满足下述四个条件中的一个:至少有一家非传统供应商或非营利机构在很大程度上参与项目;小企业或非传统供应商是项目主要参与方;合同乙方分摊至少三分之一成本;不适合采用其他三种合同类型。生产类项目仅面向采用竞争招标方式且取得成功的样机类项目,后者无须再竞争即可直接进入后续生产阶段。在三类项目中,样机类项目投入占比近 9 成,成为"其他交易"应用最活跃的领域。

"其他交易"授权由国会提供给国防部,并规定了短期使用期限,到期后必须进行重新授权,但 2015 年 9 月通过的《2016 财年国防授权法》将"其他交易"授权期限由短期改为长期,以支持国防部与商业初创企业和小企业等技术创新源的合作。

"其他交易"授权立法的历史如表 4-5 所列。

表 4-5 "其他交易"授权立法的历史

法案	"其他交易"有关条款
1958 国家航空航天法	授权 NASA 使用"其他交易"授权
1990 财年国防授权法	第 251 节授权 DARPA 使用"其他交易"开展基础、应用和先期研究项目
1994 财年国防授权法	第 845 节扩大 DARPA 权力,使其可将"其他交易"用于样机研发,授权为期 3 年
1997 财年国防授权法	第 804 节授权各军种部及指定部门(含 DARPA)使用"其他交易",授权为期 3 年
1998 财年国防授权法	第 832 节授权"其他交易"协议信息免于披露
1999 财年国防授权法	第 241 节延长授权期限 2 年
2000 财年国防授权法	第 801 节增加"审计官综合审查"要求
2001 财年国防授权法	第 803 节引入成本共享要求和非传统国防供应商概念
2002 财年国防授权法	第 822 节建立"其他交易"生产授权,限定以特定目标价格获取特定数量产品
2004 财年国防授权法	第 847 节扩展武器系统定义,授权试点项目签订商业项"其他交易"后续生产合同,延长授权期限 4 年
2006 财年国防授权法	第 823 节规定对超过一定限额的交易进行审查,规定《采购诚信法》适用于"其他交易"项目
2008 财年国防授权法	第 824 节扩大《2004 财年国防授权法》试点项目范围,延长授权期限 5 年
2011 财年国防授权法	第 826 节规定对所有"其他交易"项目进行审查
2013 财年国防授权法	第 863 节延长授权期限 5 年
2015 财年国防授权法	第 812 节扩大交易应用范围,允许交易对象全部是非传统国防供应商或小企业时,不再强制进行成本分摊
2016 财年国防授权法	第 815 节永久授权国防部使用"其他交易"授权,更新非传统国防供应商有关规定,扩大后续生产

续表

法案	"其他交易"有关条款
2018 财年国防授权法	第 863 节要求国防部长向参与"其他交易"协议授予或管理的人员提供充足的教育和培训机会,对这些人员进行持续学习提出最低要求,建立采办水平认证项目。 第 864 节提高了样机项目限额,从 5000 万~2.5 亿美元增至 1 亿美元~5 亿美元,如果项目符合关键国家安全目标,交易额度仍可提高;允许在小企业创新研究计划(SBIR)和非营利性研究机构的项目中授予"其他交易"样机协议;放宽后续生产适用范围,纳入"其他交易"联盟下授予的单个子项目
2019 财年国防授权法	第 211 节确定采办与保障副部长和研究与工程副部长为"其他交易"协议最高审批者,明确通过联盟实施的项目适用于后续生产授权
2019 财年国防部拨款法	要求国防部长向众议院和参议院拨款委员会提交季度报告,详细列出国防部"其他交易"样机项目资金执行情况;要求国防部总审计长审查样机项目是否存在潜在利益冲突,并提交说明报告

虽然"其他交易"机制已越来越广泛地渗透到美国国防采办体系中,但在各军种应用程度远没有 DARPA 高。这种方式使 DARPA 能够灵活地与非传统国防供应商联合投资和开发军民两用颠覆性技术。

"全球鹰"无人机是 DARPA 采用"其他交易"授权研发样机并通过技术验证的成功案例。20 世纪 90 年代,DARPA 联合空军启动了 RQ-4"全球鹰"研制计划。为了促进非传统国防供应商参与竞标,DARPA 采用"其他交易"授权,以豁免遵守《联邦采办条例》等法规,并允许供应商采用商业审计机构代替国防合同审计局进行财务审计,从而降低了供应商应对政府监管所需付出的成本。

图 4-4 DARPA 高超声速飞行器概念图

再以 DARPA"猎鹰"高超声速试验飞行器(FALCON)为例,项目由美国军工巨头洛克希德·马丁公司作为主承包商,但非传统供应商 Pryodyne 和 Paragon "很大程度上"参与了这个项目,因此采用"其他交易"机制。其中,Pryodyne 公司提供关键的内旋推进系统技术,Paragon 提供气体动力学分析和热防护系统设计专业知识。该项目签署两份协议,成本均由 DARPA 和供应商共同承担:第一份协议是 2005 年 3 月 10 日至 6 月 5 日,DARPA 出资 5772.1836 万美元,供应商出资 582.5 万美元(约占 9.17%);第二份协议是 2005 年 6 月 27 日至 2008 年 9 月 30 日,DARPA 出资 12477.8915 万美元,供应商出资 582.5 万美元(约占 4.46%)。这两份协议因为两家非传统供应商的参与,使洛克希德·马丁公司不用分摊至少三分之一的成本。

上述方式可以使各方受益:新参与者能够利用合作伙伴的资金和专业知识;传统国防供应商不用分摊成本,能够最大化投资回报;国防部通过传统国防供应商引入非传统国防供应商,避免国防部与之直接合作的繁文缛节。

4.2.2 人事聘用权

DARPA 的人才聘用,除了采用政府雇员聘用的一般流程,还可以采取两种途径聘用专门人才,从事项目经理等岗位工作。

第一种是美国政府机构传统的临时聘用途径。即依据美国《政府间人事法》,从联邦政府、州政府、地方政府、高等院校、联邦资助研发中心,以及其他符合条件的机构临时调配科技人员。这些人员在 DARPA 工作期间可以保留其原有权利和福利,为 DARPA 工作 1~4 年时间,期满后可回到原单位工作。

第二种是国会的特殊授权途径。美国法律一贯授权 DARPA 采用灵活的人才聘用方式,并根据 DARPA 的需要经常予以调整。例如,美国《1999 财年国防授权法》第 1101 条款授权 DARPA 试行新的人员雇用方式,使其可以直接从私营部门雇佣多达 40 名杰出科学家和工程师,任期 4~6 年。这一规定后来又经过几次重新授权和修订,被编入现行《美国法典》第 10 卷第 4092 节"吸引科学与工程专家的人事管理权",并将授权范围扩大到美国各军种实验室、空军部太空发展局、国防部作战试验与鉴定局等机构,授权机构可聘用人才数量如表 4-6 所列。获得这一授权的机构可以免于执行《美国法典》第 5 卷关于联邦政府公职人员聘用的任何规定,快速聘用一定数量的顶尖科学家和工程师。其中,DARPA 和太空发展局聘用到行政或科技管理岗位任职的科学家和工程师,薪资待遇可在联邦政府部长级官员基本工资基础上最高上浮 150%;被聘用到项目经理等其他岗位任职的科学家和工程师,年薪不得超过副总统最高年薪。

表 4-6 《美国法典》第 10 卷第 4092 节授权机构可聘用的人才数量

被授权机构	授权可聘用科学家与工程师最大数量
DARPA	140(5)
各军种实验室	40
太空发展局	15(5)
作战试验与鉴定局	10
美国网络司令部	10
研究与工程副部长办公室	10
国家地理空间情报局	7(2)
战略能力办公室	5
国防创新小组	5

注:括号内为聘用人员中可任职于行政或科技管理岗位的最大数量。

4.2.3 科学审查

美国国防部的科技项目评审采取"同行评议"和"科学审查"两种方式。DARPA 以外的其他部门多采用同行评议方式,它们邀请政府内外专家对被审查方案给出"赞成/反对"意见,这些意见直接决定供应商的选择。而 DARPA 采用科学审查方式,它邀请政府内外专家对被审查的项目方案给出"可选/不可选"意见,项目经理参考专家意见做出最终决策。

"同行评议"方式有利于规避项目风险,但可能错失高风险、颠覆性技术投资机会。DARPA 通过科学审查方式评估确定哪个方案应当获得资助,一般根据招标书给出的评估标准进行审查,其中有三项强制标准,分别是:总体科技价值、潜在贡献及与 DARPA 使命的相关性、进度安排的可行性。技术办公室人员可以根据需要增加其他评估标准,如申请者的能力和相关经验、经费需求的可行性等。

DARPA 项目经理在方案招标书发布前筹建科学审查小组,主要由项目经理、评审专家、科学审查官组成,必要时还会邀请技术专家参加,其任职要求和主要职责如表 4-7 所列。

表 4-7 DARPA 项目科学审查小组构成与职责

人员	任职要求	主要职责
项目经理	DARPA 短期雇员(4~6 年),具有创造力、技术专长、沟通和斡旋能力	负责制定和推荐可能带来变革的项目,在项目启动、继续或终止上只需要说服技术办公室主任和 DARPA 局长即可

续表

人员	任职要求	主要职责
评审专家	DARPA内部人员或其他部门政府雇员；能理解方案中的科学概念。由项目经理挑选，每个方案至少需要两位评审专家	按评估标准分析方案，撰写审查报告，给出"可选/不可选"的建议
科学审查官	一般为技术办公室主任、副主任	确保审查过程公平公正；检查项目经理提交的所有资料，签署采办书为选定的方案提供资助
技术专家	特定技术领域的政府内部或外部的专家，数量不限	为项目经理提供技术咨询

在科学审查之前要进行形式审查。形式审查主要由DARPA行政管理人员和为项目经理提供服务的保障公司人员负责，主要看方案是否完整、申请者是否满足资质要求（如联邦资助研发中心与企业竞争时，必须获得政府授权）、申请单位是否存在潜在的组织利益冲突等。形式审查不作为检验申请者的标准，不符合要求的方案将被退回修改。

项目经理是科学审查的关键人物，负责组建审查小组，根据评审专家和技术专家意见，形成方案评估报告。评估报告报经科学审查官批准后，由合同官启动项目合同协商。当组建科学审查小组时，项目经理必须撰写科学评审备忘录，明确参与评审的项目经理、科学审查官、评审专家、技术专家，以及科学审查的时间，并随附审查过程中任何参评人员的变化。科学评审备忘录必须由项目经理、科学审查官、合同官共同签署才有效。

在方案评审前，项目经理通过电话、电视和现场会议与审查小组成员讨论项目目标并分配待审查方案。评审专家根据项目招标书确定的评估准则，审查指定方案，技术专家评估各自技术领域内的方案，评审专家和技术专家撰写评估报告，记录每个方案的优缺点。

项目经理参考评审专家和技术专家的评估意见，根据个人判断推荐应投资的方案和投资额，并填写审查总结表，记录投资依据。推荐方案的投资总额一般不超过批准的项目计划经费。科学审查官审查项目经理提交的所有审查资料（包括方案、评审专家或技术专家方案评估报告、审查总结表等），确保项目经理公正、全面地记录了方案选择的依据。

科学审查官可能同意项目经理推荐的方案，签署采办书，为选定的方案提供投资；也可要求项目经理补充材料，或者做出不同于项目经理的选择，甚至撤销整个项目。

科学审查结束后,项目经理向被选中的方案提交者发出通知,要求呈交更详细方案。多数情况下,项目经理会同时资助多个不同方案。得到详细方案后,项目经理和合同官将组织更为严格的论证和协商,最终签署合同。

DARPA 项目方案科学审查流程如图 4-5 所示。

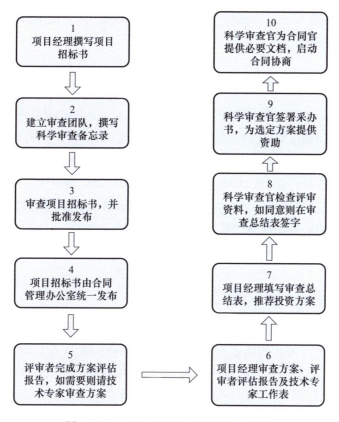

图 4-5　DARPA 项目方案科学审查流程

4.3 军种部门支持

DARPA 最终目的是为美军作战能力建设提供技术和方案等创新成果,因而与美国国防部和军队相关部门[①]合作显得尤为重要。DARPA 以此能更好地理解

---

① 这里国防部和军队相关部门是指国防部其他业务部门,各军种部的实验室与工程中心、采办部门,各作战司令部等。

国防部其他业务部门和军队的需求与期盼，设立和推进研究项目，并获得它们在技术和合同管理方面的支持；国防部和军队相关部门则通过与 DARPA 的常态化联系，或参加 DARPA 项目，了解最前沿的军事技术和 DARPA 的创新方向与成果，协调开展科研活动，并培养自己的科技人才。DARPA 与国防部其他业务部门和军队的联系主要有三种方式：一是联络官制度；二是军种实习生项目；三是合同代理制度。

4.3.1 联络官制度

联络官是 DARPA 与国防部其他业务部门和军队部门建立联系的主要方式。各军种、国防信息系统局、国家地理空间情报局、国家安全局[①]都会向 DARPA 局长办公室委派"作战联络员"，他们由 DARPA 负责技术转化的局长特别助理领导，主要任务是使 DARPA 更真实地了解实际问题，同时促进技术向部队的转化。这些作战联络官都拥有一定的级别和较深的资历，人脉较广。DARPA 同时也向佛罗里达、塔帕等地的特种作战司令部派驻联络官，最大程度简化新技术向特种部队转化的程序。

4.3.2 军种实习生项目

DARPA 局长与各军种参谋长[②]和国家地理空间情报局局长联合制定了军种实习生项目，由后两者挑选下属青年人才到 DARPA 实习三个月。该项目旨在加深各军种和国家地理空间情报局对 DARPA 项目和业务程序的了解，同时帮助 DARPA 项目经理深刻了解军队的能力和作战需求。这些参加实习的年轻人很多在后来成为各部门军官，早期在 DARPA 的经历让他们更容易地接受新技术。

4.3.3 合同代理制度

DARPA 成立之初就确定了小型化的组织发展之路，没有建立专属的合同管理体系，而是借助其他部门作为"代理"管理合同和投资。各军种科研机构，如陆军研究实验室、空军研究实验室、海军研究署、海军研究实验室等是 DARPA

---

① 美国国家地理空间情报局和国家安全局都是美国国防部下属的情报部门。

② 美军各军种参谋长级军官的称谓不同，陆军、空军称为参谋长，海军、太空军称为作战部长，海军陆战队称为司令，他们分别是各军种的最高军事长官。

最常用的合同代理机构;政府其他部门的机构,如能源部所属的国家实验室、国家航空航天局的研发中心、内政部的国家商业中心等,也会代管小部分 DARPA 合同。

DARPA 项目经理将技术相关性作为选择合同代理机构的首要条件,以确保代理机构能够理解项目技术内容。鉴于 DARPA 项目通常涉及多个技术领域,需要与不同承包商签订合同,这时就需要寻找多家代理机构管理这些合同。项目经理有选择和撤销代理机构的权力;当选择各军种机构作为代理机构时,往往还要考虑未来成果的转化。

项目经理会尽早选定合同代理机构,让其介入项目早期工作。在项目招标过程中,代理机构负责为相关活动提供技术支持,评标结束后根据项目经理的要求与承包商谈判、选择合适的合同类型签署合同;合同实施阶段,代理机构监管合同进度,向承包商拨付合同款,并定期向项目经理汇报;合同终止时,代理机构帮助项目经理完成合同终止程序。

DARPA 合同代理制度有以下几个特点:一是 DARPA 仅对各代理机构管理合同过程中产生的成本进行审计和补偿,而不会给予代理机构其他资金;二是 DARPA 有权选择自己认为合适的机构作为代理机构,被选中的机构或其所在军种很可能在项目结束后接续开展相关研究工作;三是不同项目中,代理机构参加项目的程度不同,有的仅从事行政事务的管理,有的还为项目经理提供技术支持;四是未经项目经理批准,代理机构无权修改合同内容,也不能干涉项目的内容和预算。

4.4 社会服务支持

DARPA 项目经理有权与保障服务公司签订合同,获得所需的专业保障人员,辅助其从事财务分析、项目和合同管理、行政管理、后勤保障等工作。战略分析公司、博思艾伦公司等均为 DARPA 常用的保障服务公司。他们与 DARPA 签署服务合同,主要提供以下保障:

财务分析服务。保障服务公司的分析员需要了解项目进展,在项目规划、执行、验收等关键环节为项目经理提供经费分析支持。分析员通过前期准备、跟踪经费和预算数据,帮助项目经理在整个项目周期内管理预算;及时更新项目计划,跟踪相应技术成果,维护资金拨付时间表以及关键时间点的数据库。

技术和合同支持。保障服务公司协助项目经理组织和管理复杂合同,包括协商合同条款、签订合同、修订合同和终止合同等。针对合同展开调研,与国防合同审计局联合估算成本,在合同谈判期间提供技术、价格和成本分析等建议;完成合同修改,包括增减资金、更改需求及延长合同时间等;合同终止时,帮助项目经理完成合同终止程序及合同验收文档。

借助专业保障服务公司管理项目的好处是,使 DARPA 灵活进入和退出某一领域,而不受人员供养问题的羁绊;将行政性事务外包,有利于项目经理专注技术;保障服务公司能够从节省时间与成本、提高研发质效的角度,对项目进行专业分析,有利于提高项目执行效率;通过竞争方式选取服务公司,能使 DARPA 得到最好的服务。

4.5 机构外部监督

作为政府部门,DARPA 主要接受国会、国防部和社会的监督,这使 DARPA 管理运行虽然灵活,但难以产生滥用职权、利益输送等问题。

4.5.1 国会监督

1. 参众两院的委员会

美国国会监督权主要包括质询权、调查权、弹劾权等,其中听证是重要的组织形式。国会为了某项特别立法或补救性立法而查明事实真相,或对政府政策和执法行为进行监督等目的,会由常设委员会或分委会,通过检查有关记录、传唤证人、召开听证会等方式进行调查。

美国国会在每年国防授权法审查和国防预算审批过程中,都会组织听证会,在此期间,美国国防部研究与工程副部长、DARPA 局长以及各军种部科技负责人都要向参议院新兴威胁与能力分委会,或者众议院军事力量委员会网络、信息技术与创新分委会作证,陈述本财年工作,汇报下一财年计划。DARPA 局长每次作证基本上都要阐述该机构主要任务、成就等,陈述预算理由,接受议员们的质询。

除了上面提到的两个委员会,其他相关委员会还可能针对专门事务进行听证或质询,有时也会要求 DARPA 局长出席作证。国会的科学委员会、监管和政府改革委员会、拨款委员会国防分委会等均针对各自负责的领域对 DARPA 发起过听证或质询。

2. 政府问责署

政府问责署是美国最重要的联邦政府问责机构，直接向国会负责，完全独立于行政机构，担负着审查、监督联邦政府所有收入、支出及项目绩效的重要职责，被称为"国会调查分部"或"国会看门狗"。

政府问责署总部位于华盛顿，在亚特兰大、波士顿、芝加哥、达拉斯等地设有国内地区分部和国际分部，现有雇员近 3000 名。政府问责署负责人为总审计长，由总统提名经国会参议院同意后任命，任期 15 年，且不得连任。总审计长必须超越党派，具备专业能力，总统不得免其职；除非国会弹劾或有其他特别理由，否则不得令其离职。

政府问责署要探寻政府是否存在违法或者不恰当活动，调查个人或机构对联邦政府部门招标项目的抗议，根据调查做出合法处理，最后由政府问责署总法律顾问发布抗议调查报告，给出合法性审查意见或依法处理意见。例如，2014 年 7 月，雷声公司对 DARPA 授予洛克希德·马丁公司"远程反舰导弹"孤源合同提出抗议，政府问责署经过调查认为，DARPA 选择承包商的过程符合法律程序，所选的洛克希德·马丁公司是唯一具有承担该项目能力的投标方。

政府问责署还通过审查政府项目和政策达成预期目标的程度，以及对美国现实需要的满足度，开展政府机构绩效评估，提出改进建议。例如，《2015 财年国防授权法》要求政府问责署对 DARPA 技术转化过程、做法、结果实施审查，为此，政府问责署评估了 DARPA 自 2010 财年以来在技术转化方面取得的成果，以及对国防部技术转化政策与计划的落实情况，提出 DARPA 应定期评估技术转化策略、完善相关培训、加强已完成项目技术数据传播等建议。DARPA 接受了政府问责署提出的部分建议，反馈了整改措施，并对未接受的建议进行了解释和说明。政府问责署的报告和 DARPA 的反馈意见一起提交国会审查，并对外发布以接受更广泛的监督。

4.5.2 国防部监督

1. 国防部道德监督法规

1992 年，美国联邦政府以 1978 年《政府道德法》、1989 年《道德改革法》等法律为基础,开展政府雇员道德行为规范工作,制定了《行政部门雇员道德行为准则》。国防部在国会法律和联邦政府法规的基础上,制定大量指令、指示、规程,规范包括 DARPA 人员在内的国防部雇员的道德行为。

按照联邦政府《行政部门雇员道德行为准则》,美国国防部制定了《国防部雇员道德行为补充规定》和国防部人员《行为准则》(国防部第 5500.07 号指令),出台了国防部《联合道德规定》(国防部 5500.7 - R),还编印了许多操作指南,如《国防部雇员行为准则指南》《道德顾问基础》《道德顾问手册》等,把细密的道德标准具体化,便于国防部所有人员熟知和遵守。这些监督法规的核心是避免利益冲突,旨在对国防部的政府雇员进行严格限制和监督。国防部监督部门按照这些法规对媒体或社会各界指出的问题进行审查,确保雇员不利用职务之便谋取私利。

2. 国防部监察长办公室

美国国防部监察长是由总统提名经国会讨论任命的文职官员,职级相当于副部长,该职务基本上是终身制,除非由国会投票表决同意,任何人无权罢免其职务。主要职责是对国防部计划和运行情况进行监督、审核、调查、评估、检查,监督国防部各部门业务活动、经济效果以及官员行为的合法性。监察长办公室虽然设在国防部,但是一个独立机构,办公室所有人员的聘用与解聘均须经监察长批准。

监察长办公室会对国防部各部门进行定期评估和检查,也会根据各部门暴露出的问题进行专项审查,审查结果最终以报告的形式通过国防部长提交给总统和国会。国防部长无权改变监察长签发的审计报告,若有不同意见,可向总统或国会加以说明。由于国防部的业务范围遍及美国各地,有的还涉及驻国外机构,因此国防部监察长办公室在各地设立派出机构。

DARPA 作为国防部长办公室直属的机构,虽然只拥有很少的雇员,但也要面对国防部监察长的审查,有时甚至面临更加严格的审查。一方面,DARPA 因为灵活的管理方式取得了举世瞩目的成就;另一方面,DARPA 项目主要靠管理人员自主决断,因此经常遭到"暗箱操作""独断专行""恣意而为"等指责。国防部监察长的审查客观上有利于明辨事情真相,确保 DARPA 不出现违规、违法行为,如图 4-6 所示。

4.5.3 社会监督

美国将舆论监督称为与立法权、行政权、司法权并立制衡的第四权,舆论监

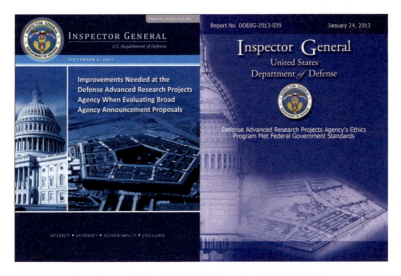

图 4-6　国防部监察长办公室 DARPA 审查报告封面

督受到朝野尊重和强烈认同。DARPA 作为美国科技发展领军部门,经常得到公众和媒体的特别关注。其中名为"政府监督组织"(POGO)的社会组织更是将这种关注作为自己的主责,形成对 DARPA 的强力监管。

政府监督组织是位于华盛顿的无党派、非营利性机构,不接受任何政府行政部门的捐赠。该组织成立于 1981 年,最初的工作是揭露定价过高的军事支出项,调查如 7600 美元的咖啡机、435 美元的天价锤子等。冷战结束后,美国逐渐完善了军事支出管理,该机构将调查范围扩大到整个联邦政府的腐败、浪费、欺诈和滥用职权行为,督促建设更加高效、透明、开放的政府。根据该组织 2023 年度报告,年度经费约为 915 万美元,其中约 752 万美元由政府和各种基金会资助,其他经费来自个人捐赠、投资收入、出版物收入等。

政府监督组织作为独立的监察机构,工作获得了国会两党议员、联邦政府雇员、揭发者、媒体等的一致称赞和支持。它的工作主要包括以下几个方面:识别联邦政府的系统性腐败、不正当或不端行为;根据自己的准则发起独立调查项目;同揭发者和内部人士合作开展调查活动;提出解决方案以促成改革;提供教育和培训,唤醒媒体和公众监察政府的意识。

2011 年 5 月 9 日,政府监督组织致信国防部监察长,对 DARPA 合同授予、国防部道德法规、利益冲突等 8 个方面的问题给予关注,并敦促国防部监察长进行调查。8 月,DARPA 专门向该组织写信解释相关问题,称国防部监察长已经开始对 DARPA 进行审计。同月,负责国会联系事务的国防部监察长助理专门给政府监督组织回信,报告审计结果,称没有发现 DARPA 存在不应该授出的合同,但存在一定的合同风险。由此可以看出政府监督组织的影响力,相关部门必须对其反映的问题进行调查并及时回复。

延伸阅读

DARPA 局长涉及利益冲突事件

雷吉娜·杜根(Regina Dugan)2009 年 6 月成为 DARPA 第 19 任局长,也是首位女局长。在任期间,她被指控涉及利益冲突,受到国防部监察长办公室的调查,直接导致其 2012 年 3 月辞职。这个事件从出现到发布最终调查报告,媒体、国会、社会机构和国防部监察长办公室先后参与其中,有效地体现了美国政府监督体系的力量。

2011 年 3 月 3 日,《洛杉矶时报》首先披露了杜根与 RedX 公司在合同上的不正当关系问题。RedX 公司是杜根创办的一家炸弹探测公司,该公司共从 DARPA 获得 600 万美元合同,其中 175 万美元发生在她任职局长之后。3 月 24 日,美国众议院监管和政府改革委员会主席致信国防部长,通报了相关情况并请求 DARPA 协助调查。5 月 9 日,政府监督组织请求国防部监察长办公室调查杜根与 RedX 公司的利益冲突问题。

2011 年 8 月,国防部监察长办公室启动了对此事件的调查。调查人员与杜根本人进行了谈话,走访了 33 个熟悉相关事项的证人,并查看了 DARPA 相关的记录、文件、合同等资料,最后于 2012 年 12 月形成调查报告。调查认为,DARPA 合同选择、授予、管理流程不存在问题,但杜根多次在演讲或谈话中提到她在 RedX 公司时发明的简易爆炸装置探测新方法。虽然杜根没有要求听众考虑 RedX 公司的产品或服务,但她仍违反了国防部《联合道德规定》禁止国防部雇员利用职务之便认可某一产品、服务或企业的规定。

第 5 章

DARPA 历史性成就

过去60多年,DARPA取得令世人瞩目的众多颠覆性成就。2018年,DARPA在其60周年纪念之际总结出了多项重大技术突破,它们不仅对美国军事能力产生了深远影响,部分技术还带来现代生活方式的变革。本章筛选出如下十项重大技术成就,浓缩展现DARPA的不凡创新和历史性贡献。

5.1 弹道导弹防御

1957年,苏联成功试射第一枚洲际弹道导弹,引起了美军强烈反响。为了应对苏联战略核武器的威胁,美国在 DARPA 成立伊始便将弹道导弹防御项目作为 DARPA 承担的重点任务,旨在围绕弹道导弹探测、跟踪、识别、拦截开展一系列技术研究。DARPA 则将弹道导弹防御项目归结为重点探索两个科学技术问题,即导弹探测问题与主动段拦截问题。

对于导弹探测问题,DARPA 将其分解为早期预警探测和导弹再入大气层后探测两个子问题。

在弹道导弹早期预警探测子问题上,DARPA 的研究方案是"陆基雷达预警探测+导弹主动段天基红外预警探测"。在陆基雷达预警探测方面,DARPA 与军队合作研发了超视距雷达预警探测系统,它利用大气电离层反射高频电磁波的特性,实现超远距离预警探测。1959年,DARPA 资助康纳尔大学在波多黎各建设了阿雷西博电离层观测站,以研究和监测大气电离层,进而服务于弹道导弹防御。该观测站于1967年转为民用,作为世界第二大射电望远镜,即阿雷西博望远镜,如图5-1所示,一直运行至2020年崩塌。

图5-1 阿雷西博射电望远镜

在导弹主动段天基红外预警探测方面,此前的光学预警探测研究主要集中在陆基可见光观测技术上,这种技术只适用于观测导弹尾焰发出的强光、导弹飞行中的高空羽流,以及导弹本身阳光反射现象的定性观测。只能前移部署,才能进行洲际弹道导弹的主动段探测预警,且难以做出定量判断。DARPA 通过 Tabstone 项目资助海军军械试验站等机构,尝试利用高空火箭探测器捕获弹道导弹和地球背景的红外/紫外信号特征,其分析结果助力空军加快实施"卫星早期预警系统"(SEWS)和"国防支援卫星"(DSP)建设计划。

在弹道导弹再入大气层后探测子问题上,DARPA 采取了两条技术路径。一是研制和建设陆基相控阵雷达。1959 年,DARPA 启动"电子扫描相控阵雷达计划",设计研发试验性大型二维相控阵雷达。在此计划下,研制出低成本高功率电子管和移相器,拓展了元器件频率范围,突破了天线耦合技术,完成数字技术的研究与应用,并于 20 世纪 60 年代初建成 FPS-85 地基相控阵雷达,如图 5-2 所示,作用距离达到 3500 千米,可以探测、跟踪、识别和编目地球轨道物体和弹道导弹,一度列装美空军。相关技术也对美军之后的大型相控阵雷达发展产生了重要影响。二是开展了 AMOS 光学站和 PRESS 系统项目,实现了对弹道导弹再入大气层后的红外和可见光探测,大幅提升了对再入大气层物体的探测能力。

图 5-2　相控阵雷达

对于弹道导弹拦截问题,各军种提出的方案只适用于导弹中段和末段拦截,DARPA 则提出利用高能激光武器在导弹主动段实施拦截的首创性方案,探索了将激光作为弹道导弹防御武器,以及通过"陆基高能化学激光器+空间中继反射镜"的组合实施助推段拦截的可行性,最具代表性的方案为"阿尔法"高能化学激光器。

DARPA 的弹道导弹防御项目先后转移至战略防御组织、弹道导弹防御组织等机构,并最终为成立导弹防御局奠定了基础。

DARPA 研发的超视距雷达、相控阵雷达等技术为美国构建完整的弹道导弹防御体系奠定了基础。此外,DARPA 开展的高能激光器研究,虽至今仍未真正应用于弹道导弹防御,但为后续各军种的战术激光武器研制奠定了深厚的基础。

5.2 互联网

20世纪60年代,个人计算机的发展尚处于萌芽状态,最便宜的计算机也要花费几十万美元,只有个别大学和科研机构拥有计算机设备。但这些计算机彼此独立,无法互联互通,严重影响学术成果交流,不利于科学技术发展。

1951年,美国空军委托麻省理工学院启动了"林肯项目",设计了一种先进的早期预警网络,预防苏联轰炸机入侵。在该网络中,所有雷达监视、目标跟踪以及其他操作都通过计算机协调。1964年,DARPA资助研发出首个计算机鼠标,以使用户更方便地与计算机交互,如图5-3所示。

图5-3　DARPA研发出的首个计算机鼠标

1967年,DARPA基于"林肯项目"获得的设计灵感,正式提出"阿帕网"(Advanced Research Projects Agency Network,ARPAnet)构想,1969年开始构建分布式网络。最初通过无线分组交换网与卫星通信网将加州3所大学和犹他州1所大学的4台大型计算机连接在一起,验证不同类型主机联网的兼容性。此后又通过专门的接口信号处理机和专门的通信线路,把美国的几个军事研究用主机连接起来,采用分组交换设计理念,依托电话线路,通过数据交换协议将数字信息以数据包的形式传输,验证资源共享的可行性。

1975年,"阿帕网"连接的主机达到100多台,并结束了网络试验阶段,转交到美国国防通信局投入正式运行。此后DARPA转向第二代网络协议开发,最终催生出传输控制协议(TCP)和网际互联协议(IP),这是"阿帕网"研究对当今互联网做出的一项历史性贡献。1980年前后,"阿帕网"所有联网主机都转向采用TCP/IP协议。在此期间,美国国防通信局将"阿帕网"分为两个独立的部分,其主体部分称为军用网(MILNET),用于军队非机密通信,另一部分仍叫

"阿帕网",用于进一步的研究试验。与此同时,所采用的 TCP/IP 协议成为美国军标。

20 世纪 80 年代后,美国免费向世界提供 TCP/IP 协议服务,随着越来越多采用 TCP/IP 协议网络的兴起,最终汇聚成了今天的互联网。现在,绝大部分互联网根服务器设在美国,使美国政府和军方牢牢占据了制网络权的优势地位。

迄今为止,"阿帕网"是 DARPA 对全球影响最为广泛深远的成就,以此为基础发展的互联网推动人类迈入信息化时代,不仅颠覆性地改变了军事对抗的手段和方式,而且深刻变革了人类社会的生产生活方式,加速了整个人类文明进程。

5.3
精确制导弹药

在二十世纪六七十年代的越南战争中,美国为打击越南桥梁、指控中心等目标,往往需出动多架次战机、投掷大量弹药才能摧毁目标。这样,一方面造成弹药消耗量大,另一方面增大了飞机遭受防空火力打击的概率。为此,在 20 世纪 60 年代中后期,美空军成功研制出激光制导套件,用以将普通航空炸弹改装为"宝石路"系列激光制导炸弹,并在越南战场上大量使用。其间 DARPA 先期研发的激光和光电传感器技术发挥了关键支撑作用。

到 20 世纪 70 年代中期,以苏联为首的华沙条约集团地面突击力量得到长足发展,尤其是华约坦克部队对北约西欧国家构成严重军事压力。为此,美军提出发展常规武器,对苏联坦克部队实施远程精确打击的需求。与此相适应,DARPA 将发展新型精确制导武器技术作为其"长期研发计划"的重中之重。在经过一段探索研究后,1978 年,DARPA 正式设立"突击破坏者"项目,综合利用其 20 世纪 60 年代开始研究积累的激光器、光电传感器、微电子器件、数据处理器、新型雷达等技术,研发精确制导武器系统技术。该项目实施 4 年,直接为多型制导武器系统研制奠定了基础。例如,美国空军的一型空地导弹,带末端制导子弹药;美国陆军战术导弹系统,可远程全天候全天时打击机动目标;"高效反装甲坦克"子弹药,利用声学和红外传感器探测和锁定坦克。

DARPA 对精确制导弹药的另一项重大贡献源于它对 GPS 接收器小型化的

研究(见 5.6 节)。DARPA 将小型化的 GPS 接收机与惯性导航技术相组合,研制出可配装普通航空炸弹的"杰达姆"套件。美军用该套件将大量库存航空炸弹改造为"杰达姆"系列制导炸弹,使其成为美军在冷战后历次局部战争中主要使用的空地精确打击弹药,大幅提高了战机打击点目标的作战效率。

DARPA 的研究成果使美军建立起近 30 年无可撼动的精确打击优势。例如,在海湾战争初期,美军利用精确制导武器摧毁伊拉克的综合防空系统、地面部队和机场停放的飞机。整个战役中,"杰达姆"等与 DARPA 直接相关的 GPS 制导弹药,为高效打击关键固定目标做出了非凡贡献。

5.4 隐身技术

20 世纪 70 年代初,苏联建成强大的防空系统,严重妨碍美军飞机执行对苏侦察任务;同时苏联不断把防空导弹输出到第三世界国家,使美军飞机在世界各地都面临严重威胁。美军急需发展能够突破防空雷达网的飞机。DARPA 由此率先开展飞机隐身技术研究。

DARPA 提出的方案打破了飞机的传统外形设计,没有采用流线型构型,代之以"多面体构型+锯齿形边缘",这种构型使整个飞机的雷达散射截面积减小到传统构型的千分之一,极大降低了飞机被雷达探测到的概率。同时,在飞机各种边缘、边界部位、进气道内都涂覆雷达吸波材料涂层,进一步降低了被雷达探测到的概率。此后,在飞机隐身技术成熟后,DARPA 开始尝试将相关材料、外形设计转化至水面舰艇,并投资建造了"海影"号隐身试验舰,对舰艇隐身外形设计、吸波材料等进行技术验证。

图 5-4　DARPA 研发的"海弗蓝"隐身作战飞机

DARPA 的隐身飞机技术直接催生了世界上第一款隐身战斗机 F-117A 和隐身轰炸机 B-2,美军凭借隐身飞机,迅速突破对手的防空系统,摧毁关键目标,为其军事行动以及战争的胜利做出了巨大贡献。同时,DARPA 的隐身技术也带动了全球其他武器系统隐身化发展,如导弹、直升机、舰船、地面车辆等。"海影"号隐身试验舰验证的设计方案、材料技术为美海军 DDG 1000 驱逐舰、近海战斗舰、"圣安东尼奥"级两栖船坞运输舰等新一代舰艇的隐身技术研发奠定了基础。

▶ 5.5 微系统技术

DARPA 微系统技术的研究包括微电子技术、光子技术、微机电系统(MEMS)技术、微系统热管理技术等。

在微电子领域,20 世纪 60 年代,美国实施的"民兵"洲际导弹工程和"阿波罗"宇航工程曾极大地推动了美国微电子技术与工业发展。两大工程结束后,美国国防领域微电子发展放缓。20 世纪 70 年代初,美国国防部明确表示,未来战争中的电磁环境将非常复杂,美国集成电路的信号处理能力远不能满足要求。DARPA 随即将信息处理技术作为研发重点,聚焦提高信号处理、接收、发射、传输能力。其中,在 1978 年和 1985 年,DARPA 联合三军共同投资,继续实施了两个大型微电子项目,首次研发出超高速集成电路和微波/毫米波单片集成电路。这两项成果极大地提高了美军武器装备的信号处理与接收、发射、传输能力,并对后来军用雷达、制导武器等众多装备的发展产生了深远影响,革新了一系列武器装备的设计与研发。

在 MEMS 领域,DARPA 在 20 世纪 90 年代初就意识到 MEMS 技术将会大幅促进武器装备及民用设备中传感器的小型化,并资助了一些 MEMS 加工技术研究。21 世纪初,为了提高导弹打击精度,DARPA 率先将 MEMS 技术引入到导弹制导系统中。DARPA 最初研究的重点是制导用陀螺仪。传统的高精度陀螺仪制造困难且成本高,DARPA 改进了硅基 MEMS 惯性器件的性能,并与导航软件集成,研制出了功耗低、体积小、重量轻的低成本微型惯性导航系统,并克服了微型陀螺仪质量轻而引起的稳定性下降问题。此后又相继研发出了环境 MEMS 器件、光学 MEMS 器件、射频 MEMS 器件等一系列 MEMS 器件,这些技术成就支持了多种武器装备的小型化发展。

在微系统热管理领域,随着芯片集成度迅速提高,而尺寸又不断减小,芯片单位面积上产生的热量急剧增加,传统散热方式已无法满足要求,限制了器件性能和集成度的进一步提升,还导致军用装备中热管理部分所占体积和重量的持续上升。近年来,DARPA 从改变芯片散热机理入手解决这一问题。传统散热机理是先将热量导出,再使用空气冷却,散热速度跟不上热产生速度。DARPA 采取的解决之道,一是使用新材料和新结构提高芯片散热的效率;二是在芯片或封装体中嵌入微通道,直接导出芯片内部电子元器件散发的热量。DARPA 为解决器件热管理瓶颈问题开辟了新的思路,为进一步提升大功率微波集成电路性能奠定了基础。

5.6 GPS 接收机微型化

20 世纪 80 年代初,美国全球定位系统(GPS)进入实用化阶段,然而当时美军使用的 GPS 接收机庞大笨重,如 PSN-8"单兵背负"接收机重达 22 千克。1983 年,DARPA 响应美国海军陆战队关于减轻作战部队负担的"作战能力需求",启动 GPS 接收机小型化项目。该项目采用了独辟蹊径的研发思路,实现了 GPS 接收机的微型化。

在总体设计上,优化减少相同功能模块的数量;在信号处理技术上,研发出具有模拟和数字两种功能的砷化镓芯片,大幅减少了元器件数量,提高了可靠性,降低了成本;在芯片制造上,使用当时最先进的半导体加工工艺,模拟信号电路全部换为单片微波电路,大幅提高了信号处理速度。最终研制出微小型、低功耗、全数字 GPS 接收机。

DARPA 的这项成果直接促成美军"国防先进 GPS 接收机"(DAGR)等一系列微型接收机的诞生。由 4 节电池供电的 DAGR 重量不到 500 克,带有显示地图的功能,使用寿命长达 5000 小时;单价也由之前大型 GPS 接收机的数万美元降至 1000 美元,为 GPS 在美军广泛应用做出了巨大贡献。

5.7 军用无人机技术

空中力量无论是对情报监视侦察、战场毁伤评估,还是对地对海支援都至关重要,但飞行的固有风险高,对抗环境中飞行的风险更高。为此,美军对无人机的发展越来越寄予很高的期望。时至今日,对更可靠、更远航程、更大搭载量、可执行更多战术任务的无人机需求依然迫切。

但在 20 世纪 60 年代,美军还对无人机参战普遍持怀疑态度。正是在这一时期,DARPA 开始投资研发无人机,最终促成一场持续至今,遍及全球的无人机革命。从那时起,DARPA 走出一条先突破基础技术,后结合军队需求尽快推出可用产品,再不断突破关键技术,发展新型号的路子,从而持续推动无人机技术进步和装备创新。发展早期,DARPA 重点支持无人机结构、推进、导航、传感器、通信、自主技术等基础技术研究,于 1962 年研制出 QH-50 无人反潜直升机,配备摄像机后用在越战中,执行情报监视侦察任务;此后,DARPA 开始重点提高无人机发动机、任务载荷等关键设备性能,其中通过发展小型传感器,提高了无人机的生命力和任务能力,这些工作为美军后续无人机研制提供了坚实的技术基础。

从 20 世纪 80 年代起,DARPA 在无人机领域的前瞻性投入开始获得回报,相关技术陆续转化至空军、海军、陆军,如图 5-5 所示。QH-50 无人反潜直升机是首个可执行打击任务的无人机;"琥珀"无人机的研发为后来大名鼎鼎的"捕食者""死神"无人机的研发打下了坚实的基础,如图 5-6 所示;DARPA 在 20 世纪 90 年代中期向瑞恩安航空公司(后并入诺斯罗普·格鲁曼公司)提供技术和资金支持,研发的"全球鹰"无人机(1998 年 2 月首飞)成为世界上首型高空长航时情报监视侦察无人机,该机在伊拉克、阿富汗战场和其他军事行动中广泛应用;DARPA 研发的技术还简化了无人机操作员的工作,如"黄蜂"无人机先进的 GPS 导航和微小型自动驾驶仪首次实现了微型飞机的自主飞行。

图 5-5 DARPA 于 20 世纪 80 年代资助研发的无人机

图 5-6 "捕食者"无人机

最近十几年,在无人机的能力得到普遍认可、应用逐渐广泛、研制单位不断增多的情况下,DARPA 的无人机研究继续保持前瞻性,研制出了质量不足 454 克的微型固定翼无人机,可装在背包里,手抛起飞,能以速度 3.2~6.4 千米/小时飞行 1 小时,可供"排"级作战单元使用,在旷野和市区执行实时侦察任务;DARPA 还通过与海军、空军联合开展"无人作战飞机"验证项目,促进了协同任务规划、自主飞行、有人-无人编队作战概念和相关技术发展,并催生了海军 X-47B 舰载无人作战机验证机。

5.8 小型红外夜视技术

夜视技术在夜间情报监视侦察和空、地目标搜索中发挥着重要的作用,能使军队拥有夜间作战的主动权。随着先进技术的快速商业化,其他国家也在加快研发夜视新技术。为在夜视领域持续领先,美军加速研发更先进的夜视技术。

在这个过程中,美国许多科研机构将重点放在可放大星光等微弱可见光的影像增强器上,但这些夜视设备昂贵而笨拙,只能安装在飞机、坦克、舰船等大型平台上。DARPA 则将重点放在热成像技术上,旨在利用目标和背景间的热辐射差实现无可见光状态下的观察。起初,DARPA 将投资重点放到低温冷却式红外成像仪上,这种成像仪利用光子在半导体材料上产生的光电效应成像,灵敏度高,但成像仪本身的温度会对探测产生干扰,需要配备冷却系统,导致成本高、体积大,无法用在头盔、枪械以及其他陆战轻便系统上。DARPA 转而利用微热辐射传感器,研发非制冷式红外成像仪,将光线引发的热量转换成电信号成像。这种成像仪虽灵敏度不如冷却式成像仪，但因省去制冷系统，重量轻、能耗小、成本低，在应用上拥有巨大的优势。之后，DARPA 对此前未被充分利用的近红外光进行了研究，发现近红外光能够弥补可见光和中远红外光之间的空白，可用来提高战术行动的夜视能力。

DARPA 的红外夜视技术已用于美军夜间驾驶辅助系统、武器瞄准镜、坦克瞄准镜等，为其机械化部队和单兵提供了夜间作战优势。

5.9 人工智能技术

1956 年学术界提出，能够模拟人类智慧的机器是可以造出来的，即人工智能是可以实现的。DARPA 成立伊始就将人工智能技术纳入视野，从 20 世纪 60 年代初起，不懈地开展人工智能研究，研究范围不断拓展。20 世纪 80 年代，面对国际竞争，DARPA 发起"战略计算"项目，以确保美国在计算机（包括人工智能）领域保持世界领先地位；20 世纪 90 年代中后期，面向未来机器人应用难题，DARPA 开始布局一系列人工智能研究。总体而言，DARPA 人工智能研究的主要创新体现在人机交互、感知识别、自主控制等方面。

人机交互的最初方式是纸带打孔输入，操作复杂、速度慢，即使后来出现的键盘、触屏等方式，也没有解决流畅交互的问题。最初，DARPA 将重点放在解决使用打孔纸带效率低下的问题。随后，DARPA 认识到理想的人机交互方式是话语沟通，并开始研究智能语音识别技术。经过数十年研究，通过采用并行异步、语言统计学等创新性语音识别技术和方法，DARPA 的智能语音识别技术已能支持多语种实时翻译，并被多种智能系统采用，如苹果手机中的 Siri 功能。

感知识别技术主要用于自主车辆的路径规划，传统的实现方法是提取人工参照物的特征，作为路径规划的基点。DARPA 认为，战场上的无人车更多面对的是越野环境，没有规则的参照物。为此，DARPA 启动了"非道路环境下的感知技术研究"项目，采用图像传感器信号识别、动静物体分辨等新兴技术，识别周围环境，使无人车能够在没有任何人工参照物环境中自主寻路，最终使无人车自主穿越包括沙漠在内的长达几百千米的野外复杂地形地貌，并安全汇入城区车流。

自主控制方面，1983 年，DARPA 启动"自主车"项目，推动室外自主机动无人车技术发展。项目确定了两个重要目标：一是无人车必须完全在室外运行，包括多种路况与越野条件；二是无人车必须完全独立，所有计算都在车上进行。

1987年,该项目研发的无人车利用贝叶斯分类器改进的颜色分割算法,使用激光扫描仪规避路障,最高速度达到20千米/小时。20世纪90年代,DARPA启动"原型"Ⅱ和"原型"Ⅲ项目,目标是针对一般军事侦察任务,实现无人车在越野条件下的自主行驶。"原型"Ⅱ项目结束时,所研发的无人车在天气条件良好的白天,人工铺装路面上的行驶速度可以达到70千米/小时,自然土路上的行驶速度可以达到24千米/小时,在设置1.5米高障碍的条件下,行驶速度达到约32千米/小时。"原型"Ⅲ项目研发的无人车在越野条件下,能检测和规避岩石、树木、围墙、沟壑、水渠等障碍。DARPA还特别重视其他机器人的自主控制技术研发,认为军用机器人需要进入山地崎岖道路和狭窄空间,因此为足式机器人研发了全新的自主控制技术。目前,DARPA的机器人自主控制技术已能帮助机器人完成山区多石地面的机动行走。

5.10 低成本进入太空

受苏联发射世界首颗人造卫星的震撼,DARPA在成立之初就将太空科学技术研究作为其核心任务,开展了大量探索性工作,促进美国太空技术的快速发展。此后,由于美国政府机构分工的原因,DARPA几度在太空技术领域进出。

二十世纪五六十年代,DARPA整合了各军种的太空项目,在气象卫星遥感、大型液体推进火箭等方面开展探索性研究。其中,DARPA的"泰罗斯"气象卫星项目首次验证了从太空观测气象的可行性,如图5-7所示。之后,DARPA研发的多项成果改变了原有导航、通信、气象探测模式,奠定了后期卫星、太空运载器、太空战略监视等领域的基础。

图5-7 DARPA"泰罗斯"气象卫星

从 20 世纪 90 年代起，DARPA 致力于发展低成本快速发射技术，探索低成本液氧煤油火箭和空中运输机发射火箭两种思路，实现在 24 小时内将 450 千克以下的小型有效载荷送入低地球轨道，且成本低于 500 万美元，提高美国快速进入太空的能力。此外，DARPA 的太空态势感知项目还可促进美国严密掌控太空态势，为实现太空攻防和支援作战奠定基础。

第 6 章

DARPA 发展方向

  2019年12月，DARPA发布了《面向国家安全创造技术突破和新能力》战略文件，提出从保卫本土、威慑并战胜高端对手、适应不同作战环境、推动基础研究四个方面推动下一轮科技革命。2021年3月，蒂芬妮·汤普金斯被拜登任命为DARPA第23任局长，她将DARPA发展方向归纳为"对抗同级别对手""为当前与未来作战部队创新""促进美国的创新"。梳理DARPA近些年项目安排，可以看到，它的最新发展集中于微电子、生物技术、人工智能、高超声速、太空技术、陆海空系统技术、网络安全、量子信息技术、集成传感与网络、集成网络体系等方向。

6.1 微电子

近十年来,集成电路技术已经逼近物理、工艺、成本极限,摩尔定律的延续遇到障碍,即通过缩小晶体管尺寸提高芯片集成度、增强集成电路性能变得越来越困难,需要寻求新的技术路径和方法推进微电子技术再创辉煌。美国认识到其电子器件创新发展的速度已经放缓,在集成电路领域的领先优势正在缩小。在这种背景下,DARPA 于 2017 年启动"电子复兴计划",围绕电子材料与集成技术、系统架构、电路设计三大支柱领域,开展一系列创新性研究,旨在推动新一代电子技术发展,确保电子器件性能持续提升。围绕"电子复兴计划"的实施,近年 DARPA 在微电子技术发展领域聚焦于集成电路设计制造、宽禁带及超宽禁带半导体、安全可靠系统架构、先进封装等方面。

2021 年,DARPA 启动"超宽禁带半导体""用于自动实现应用的结构化阵列硬件"等项目。"超宽禁带半导体"项目致力于研发可大幅提升军用电子器件性能的超宽禁带半导体材料。目前,处于相关材料理论性能模型的实验验证阶段。"用于自动实现应用的结构化阵列硬件"项目致力于研发结构化专用集成电路与先进封装技术,旨在推进美国防部更快、更经济地研发应用先进微电子系统。

2022 年,DARPA 启动"G 波段阵列电子学"项目,研发紧凑、高性能 G 波段阵列前端电子设备所需的集成技术。项目正在利用类硅多层互联技术,研制紧凑型 G 波段Ⅲ−Ⅴ单片微波/毫米波集成电路功率放大器,未来还将进一步降低阵列级互连的功率损耗,实现 G 波段功率放大器与其他阵列组件的集成。

2023 年,DARPA 启动"联合大学微电子项目 2.0",进一步巩固学术机构与国防和半导体行业之间的合作关系,研发未来微系统的高性能材料、器件和制造工艺。同年,还启动了"下一代微电子制造"等项目,旨在建立生产下一代三维异构集成原型系统的开放式基础设施,为美国本土用户提供芯片封装和测试服务,推进美三维异构集成原型设计和制造标准化工作。

6.2 生物技术

DARPA 于 20 世纪 90 年代中期开始生物技术研究,迄今已经投资了 100 多个项目。2002年，DARPA对生物技术研究方向做出调整，推进人体效能增强技术发展应用，重点围绕士兵能力提升开展研究，意图通过改进士兵体能、耐力与心智，让士兵跑得更快、更远、无须睡眠、克服致命重伤、发挥潜在能力。

近年来，DARPA在生物技术领域除持续开展人体效能增强技术研究外，还侧重于生物安全预警监测技术、生物医学技术、生物合成与制造技术等方面。

2019年，DARPA再次调整生物技术研究方向，强调生物威胁探测对美国与盟友国家安全的重要性，重点放在提高病原体监测灵敏度、准确度上，并支撑构建美军生物安全预警监测网络。新冠疫情暴发后，DARPA资助了传染病防治先进技术研发，以阻断病毒变异和跨物种传播。2020年，DARPA启动"先进环境适应与保护工具"项目，旨在利用合成生物学相关技术构建细胞工厂，研制携带治疗性因子的植入性生物电子载体，应对环境变化导致的士兵睡眠障碍、腹泻等问题。已在临床水平验证了可传递有益生物分子的合成生物学电路组件，正在大型动物身上验证生物相容性，并开展用于跟踪昼夜节律的传感器原型研发试验。

2022年，作为DARPA"先进植物技术"项目的重要成果，加州大学研制出21种具有纳摩尔到微摩尔灵敏度的生物传感器，可快速检测合成大麻素、有机磷酸盐等化学物质。"先进植物技术"项目于2017年启动，旨在利用基因编辑技术对植物进行改造，使其作为传感器收集化生放核以及电磁信号，并通过地面、空中、太空设施传输信号，实现持久的远程监控。

2023年，DARPA启动"挑战环境中的生物技术"项目，年度预算1000多万美元，研究新型生物制造技术，旨在利用微生物、生物聚合物及其他生物过程，制备诸如适应极端环境的新型微生物及仿生材料等，用以保护作战部队、保持军事装备性能、减少后勤保障压力，支持偏远、资源稀缺和极端条件下的军事行动。

6.3 人工智能

近年来，DARPA投身人工智能研发热潮。2018年，启动为期4年、投入约20亿美元的"下一代人工智能"计划，重点发展可信人工智能技术，以使未来人工智能机器成为值得信赖的伙伴。此后，DARPA没有再设人工智能技术综合项目，因为它的近半数项目都涉及人工智能。

近年来，DARPA在人工智能领域的发展主要包括：推进人工智能在网络攻击分析、图像检测、语言处理、目标识别等领域的应用;提高人工智能的可靠性;发展对抗性人工智能;提高人工智能性能,解决机器学习效率低的问题;使人工智能系统能解释其行为并进行推论。

2021年,DARPA启动"感知赋能的任务指导""运动目标识别"等项目。"感知赋能的任务指导"项目已投入约3600万美元,旨在利用多模态感知互融技术,研发虚拟作战助手,提升作战部队在复杂环境下的态势感知与数据处理能力。"运动目标识别"项目则旨在构建多模态感知集成系统,提高对战场运动目标的识别精度,增强自主系统在复杂战场环境下的应用可靠性。

2022年,DARPA启动"规模化知识管理""成功团队的人工社交智能"等项目。"规模化知识管理"项目综合利用知识分析、因果推理算法模型,研发可高效捕捉、分析理解、结构化管理的专业知识系统工具。目前相关算法模型已实现了对文本、视频、音频数据的识别与推理功能。"成功团队的人工社交智能"项目旨在研发可生成心智模型的智能软件,提升人类与机器感知一致性。目前已完成心智模型研发,将在特定场景下进行试验验证。

2023年,作为DARPA"机器常识"项目的重要成果,纽约大学研发出自然语言推理模型,可自动生成较理性的决策结果。"机器常识"项目于2019年启动,旨在研发提高算法推理分析准确性的新模型,利用跨模态数据进行训练,提升模型推理分析能力,使智能系统符合人类推理逻辑。

6.4 高超声速

2014年,DARPA终止了2012年启动的"综合高超声速"计划,将计划中滑翔部分与吸气部分相关技术研究分开,启动"吸气式高超声速武器概念"和"战术助推滑翔"技术研发项目。这两个项目由DARPA和空军研究实验室联手实施,旨在推进高超声速打击武器技术的实用化进程。

"吸气式高超声速武器概念"项目旨在发展一种射程925千米、速度为马赫数6的巡航导弹,以提高第5代战斗机的强对抗能力。2022年,"吸气式高超声速武器概念"原型样弹成功进行两次飞行试验,验证了超燃冲压发动机技术的可靠性,提高了高超声速巡航导弹的技术成熟度。此外,DARPA在2023财年预算申请中公布,将启动"吸气式高超声速武器概念成熟"(MoHAWC)项目,深化验证高超声速巡航导弹技术,提高技术成熟度和制造可行性。2023年,DARPA

授予雷声技术公司"吸气式高超声速武器概念成熟"项目技术研发合同,将改进超燃冲压发动机技术,并进行飞行试验。

"战术助推滑翔"项目旨在研发验证一种最高速度达马赫数9、射程达数百千米的高超声速飞行器。研发的关键技术包括:大范围飞行包线技术、飞行器空气动力学技术、气动热性能技术、可操纵性和鲁棒性技术等,同时兼顾装备技术的经济性。2022—2023年,该项目进行了第二次和第三次飞行试验。

DARPA还在同步探索其他先进动力技术。2022年7月,公布"牌王"高超声速技术验证计划,设计验证一型以冲压喷气旋转爆震发动机为动力的高超声速导弹,已开展了自由喷射进气道试验,2023年授予雷声技术公司价值2900万美元的第二阶段合同,将开展全尺寸端到端试验。

6.5 太空技术

在当今竞争日益激烈的太空环境中,传统军事卫星等昂贵的系统越来越成为易受攻击的目标,一旦遭受降级或破坏需要数年才能恢复。为此,DARPA充分利用商业航天发展成果,研发小型化、轻型化、低功耗、低成本的低地球轨道军用卫星星座,以在全球范围内持续为美军提供无限超视距遥感和通信保障,并提高太空进入、太空域感知、太空控制等能力。

2016年,DARPA启动"地球同步轨道卫星机器人服务"项目,至2023年共投入约4亿美元,旨在利用6自由度双机械臂太空机器人,为地球同步轨道卫星提供检查、排障、辅助轨道机动等在轨服务。当前,该机器人已完成地面试验,正在进行机器人载荷与卫星平台集成工作,计划2024年开始在轨验证。

2017年,DARPA启动"黑杰克"项目,至2023年共投入约2亿美元,目标是在近地轨道建造全球高速主干网络,提供超视距探测和通信服务,持续监视全球陆海空各域,项目关键技术包括改进太空有效负载尺寸、重量、电源、成本等。2022年,美国蓝色峡谷公司研发出"黑杰克"项目的首个卫星平台,配装新型电力系统、太阳能电池阵,具备电推进、指令和数据处理、无线电通信能力,可实现卫星在轨精准控制。2023年6月,首批4颗卫星发射入轨。

2021年,DARPA启动"地月空间敏捷行动验证火箭"和"天基自适应通信节点"项目。"地月空间敏捷行动验证火箭"项目旨在利用丰度不超过19.75%的高丰度低浓铀燃料,实现大推力、高比冲太空核热推进。"天基自适应通信节点"项目将研发新型低成本低轨星间激光通信终端(质量不超过10千克、总功耗不超过100瓦、总成本不超过10万美元)和跨星座组网指控软件,实现不同光通信标准的异构星座互联。2023年,该项目开展了可重构高速通信等组件的试验。

6.6 陆海空系统技术

DARPA主要依托战术技术办公室开展陆海空系统技术研发,相关项目旨在颠覆原有的系统与体系设计理念和方式,推动武器系统性能、功能及其设计、制造的变革。

陆上系统技术,主要实施了"地下挑战赛""突击破坏者Ⅱ""X班组""机动部队保护"等项目,重点推进城市作战、多域作战相关颠覆性装备技术发展。其中,"地下挑战赛"于2017年启动,分为隧道巡回赛、城市巡回赛、洞穴巡回赛、总决赛四个阶段,探索利用机器人在复杂地下环境中遂行任务,试验验证相关方案的自主性、机动性、感知能力和网络化能力,最终目标是在救灾任务中或作战环境下,利用机器人遂行快速勘察、地下搜救等任务。"突击破坏者Ⅱ"项目于2019年启动,旨在为多域作战和强对抗行动提供技术基础,重点研发可在数小时内实现远距离响应的武器系统,并进一步扩大海战场有人–无人跨域杀伤网,统筹考虑陆海空三军正在研发的装备技术,试验验证真实作战环境中的联合部署方式,谋求快速组合、跨域杀伤。

海上系统技术,主要实施了"跨域海上监视与目标选择""无人值守船""水下磁流体推进器"等项目,重点推进海上无人系统、跨域杀伤网、先进水下推进技术研发。其中,"跨域海上监视与目标选择"项目旨在实现面向海洋的跨域协同体系集成,设想是把原先高度集中在一种平台或系统上的作战功能分解开来,分散至众多低成本系统中,构建可执行广域、跨域监视与目标选择任务的分布式体系,形成迅速而无处不在的进攻性能力,阻止对手力量投送,或迫使对手大幅提升海上行动成本,维持美军海上绝对控制权。"无人值守船"项目旨在建造一艘能在海上长时间自主作业的无人船并开展试验验证,综合应用分布式混合发电、吊舱推进器和大容量电池等技术,确保无人船在不同气候和海况下连续执行长期任务。

空中系统技术,主要实施了"进攻性蜂群战术""机组人员驾驶舱内自动化系统"等项目,重点推进人工智能技术、自主技术的应用。"进攻性蜂群战术"项目于 2017 年启动,利用增强现实、虚拟现实等游戏技术,以及手势、触碰、触感等装置,研发可以控制蜂群的原型系统。该项目 2021 年完成最后一次现场试验,利用沉浸式蜂群界面来指挥和控制"虚拟"和实物蜂群代理完成了既定的试验任务。"机组人员驾驶舱内自动化系统"项目于 2015 年启动,旨在研发一型适用于多种机型的快速拆装式自动化驾驶系统,该系统可在一个月内装到全新的飞机上,一天之内装到现役飞机上。2022 年,洛克希德·马丁公司旗下的西科斯基公司研发的"黑鹰"直升机,首度利用该项目成果,在美国肯塔基州坎贝尔堡上空进行了无人自主试飞,飞行 30 分钟后完美降落。这是该型直升机首次进行的全程无人自主飞行。

6.7 网络安全

21 世纪以来,DARPA 在网络安全方面主要实施了"X 计划""强化恶意网络行为的追究""精准网络狩猎""网络防御"等项目。

"X 计划"是 DARPA 一个高度机密的项目,在 21 世纪第二个十年实施,成果主要特点是可向美军各级网络作战指挥机构直观呈现网络空间敌对行为,令其识别网络威胁,启动防御计划,实施防御行动,评估防御结果。该项目作为一项基础性研究,成果已向美军转化应用。"强化恶意网络行为的追究"项目于 2016 年启动,旨在使网络空间恶意行动透明化。该项目采用一系列技术和工具,能够生成多个并发、独立的恶意网络活动信息。"精准网络狩猎"项目于 2017 年启动,旨在开发自动化工具来检测新的攻击手段,同时收集相关数据,并分发安全保护措施。项目重点是要开发能够实时检测、表征和抵御网络威胁的数据驱动型工具,以此加强国防部内部网络、跨机构网络和互联网交换节点的网络防御能力。"网络防御"项目于 2015 年启动,旨在从国防部信息网大量数据中嗅探威胁性网络事件。项目已经转化至美国网络司令部,能在几天内识别出多个高级持续威胁,并发现数个恶意软件感染和其他网络异常。

6.8 量子信息技术

量子信息技术在理论层面取得了极大进步,但应用上的成功并不多。量子信息技术的成功应用很大程度与能够精确、敏感测量量子的小型传感器直接相关。DARPA 认识到这一点，近年来先后在量子传感、量子计算、量子网络等方面设立了一系列项目，开展探索性、基础性研究。

2020 年，DARPA 启动"矢量电磁辐射的量子成像"项目，旨在基于全张量磁场传感器原理研发阵列矢量磁力计，以实现远距离、快速、精巧测量磁场异常。已设计出便携式张量磁力计现场测试系统，下一步将验证张量磁力计的灵敏度和功能。

2021 年，DARPA 启动"量子孔径"项目，旨在探索一种全新的射频波形定向接收方式，研发具有更高灵敏度、更大带宽、更大动态范围的便携式定向射频接收机。同年，DARPA 授予霍尼韦尔公司研发合同，利用立方厘米尺寸的传感器元件，研发微小型射频微波接收机。

2022 年，DARPA 启动"量子启发的经典计算""未充分探索的实用规模量子计算系统"等项目。"量子启发的经典计算"项目旨在利用从量子算法基准中获得的经验，为国防部一系列复杂问题研发量子启发求解器。"未充分探索的实用规模量子计算系统"项目旨在研发可更快实用但机理尚未探索透彻的量子计算方法，用来验证量子容错计算机的系统、组件设计。

2023 年，DARPA 启动"量子纳米结构""量子增强网络"等项目。"量子纳米结构"项目旨在研发新型合成超材料，获得更稳定的超导量子比特，降低超导量子系统对大型制冷装置的依赖，提升可扩展性，并推广应用于通用射频放大器，降低其体积与成本。"量子增强网络"项目计划将量子网络与经典网络基础设施相结合，构建一种兼具量子网络的安全性、隐蔽性和经典网络的普适性的新型网络，增强关键网络基础设施的安全性能。

6.9 集成传感与网络

DARPA 在传感器技术研发方面已开展多年的工作，目标是提高情监侦系统的精度和及时性，改进战场感知、打击和战斗损伤评估能力。近年来，美国防部提出并推进集成传感与网络概念落地，目标是集成现有单一功能的相关系统，发展多功能、网络化系统，助力美军跨域及全域协同。DARPA 响应美国防部的要求，近年聚焦先进射频、信号处理、多功能集成等方向进行技术研发。

2020 年，DARPA 启动"宽带自适应射频保护""相干振荡器"等项目。"宽带自适应射频保护"项目至 2023 年共投资 6605 万美元,旨在研发可控制外部干扰的可调谐滤波器,以及有望解决自干扰问题的可调谐信号消除器架构。2023 年,该项目研发出宽带自适应滤波器、模拟信号对消器,极大减轻了发射机间的自干扰。"相干振荡器"项目针对未来美军战术平台的射频系统发展,聚焦研发先进信号处理技术,以形成超宽带射频信号检测和识别能力。目前即将完成组件评估,此后将转入硬件/信号处理程序的验证与确认阶段。

2022 年,DARPA 启动"宽带传感器可重构处理系统""超线性处理"等项目。"宽带传感器可重构处理系统"项目旨在研发高通量流数据处理器,使之具备纳秒级重编程能力,可用于检测新型射频信号。"超线性处理"项目则研发可提高雷达性能的非线性信号处理技术。

6.10 集成网络体系

"集成网络体系"由美国防部于 2022 年在其《竞争时代的技术愿景》中首次提出,特指支持其构建强大、坚韧、安全、全网络化指挥控制与通信的技术,用于确保美军在强电磁对抗环境下,作战部队间、作战单元间的实时信息分发、可靠指挥控制,并能整合各系统信息,实现传感器与武器的灵活协同。DARPA 近年在与此相关的领域重点开展 5G 通信网络、开放体系架构、软件定义网络、软件定义无线电、网络安全等方面的研究。

2020 年,DARPA 启动"开放可编程安全 5G"项目,提出研发一种适用于从物联网传感器到服务器等设备的安全解决方案,以使 5G 和 5G$^+$ 网络具备实时分布式安全防御能力。

2021 年,DARPA 启动"任务集成网络控制"项目,提出研发能对信息和通信路径进行自主分选和排序的软件,构建自愈型敏捷网络,在强对抗动态环境下形成跨域杀伤网。2023 年,该项目完成了网络资源建模与预测、基于动态网络感知的智能边缘控制决策等研究工作。

2023 年,DARPA 启动"安全工具智能生成"项目,旨在研发基于人工智能的新技术,用于改善人机交互,可由人无缝干预,能快速识别并优先修复复杂系统存在的严重漏洞。

第 7 章

国外类 DARPA 机构或机制

DARPA在国防科技领域的巨大创新贡献受到美国政府以及其他国家的高度重视,引发21世纪以来"群起效仿"。在美国国内,联邦政府将DARPA模式复制到一些关键部门先后成立了国土安全高级研究计划局、情报高级研究计划局、能源高级研究计划局、卫生高级研究计划局、基础设施高级研究计划局[1]。在其他国家和地区,俄罗斯成立先期研究基金会,日本设立安全技术研究推进计划,法国设立创新与工业基金,英国成立先期研究与发明局,欧盟则由其欧洲创新理事会设立"探路者计划",北约军事集团则设立"北大西洋防务创新加速器"机构。它们虽在诸多方面与DARPA存在不同,甚至存在重大差异,但共同点是针对未来发展重大问题,或围绕现实重要紧迫需求,探索新技术、新理念、新方案,以期取得颠覆性成就。

---

[1] 美国基础设施高级研究计划局(ARPA-I)是依据美国《2021年基础设施投资与就业法》,于2022年宣布成立的,隶属于美国交通部。使命定位是投资有潜力变革美国交通基础设施系统的高风险、高回报新兴技术,以使美国重获交通基础设施技术领域的领先地位。根据公开披露的情况看,尚未正式运行,本书略去。

7.1 美国国土安全高级研究计划局

7.1.1 基本情况

美国国土安全高级研究计划局(HSARPA)是美国政府部门第一个仿DARPA的科研管理机构,它依据美国《2002年国土安全法》于2003年与国土安全部同时成立,由国土安全部科技局管理,使命定位是,支持有关国土安全的基础研究和应用研究,以促进国土安全技术变革;推进国土安全关键技术研发、试验、评估;加快弥补国土安全漏洞的技术原型化和应用;聚焦国土安全重大需求,梳理问题所在,开展专项研究,识别、研发、转化技术。目前,HSARPA在编制上与国土安全部科技局科学与工程办公室合署。

7.1.2 投量投向

《2002年国土安全法》专门设立了国土加速安全技术研发基金,指定由HSARPA局长支配。2003年国会专项拨款预算为5亿美元,现在该局经费被纳入国土安全部研发预算总盘子中,后者最近5年(2019—2023财年)年平均预算4.7亿美元。HSARPA支持边境安全、化生爆防御、反恐、网络安全与信息分析、疾病快速应对、基础设施安全领域的研发,以及创新性研究与基础手段开发等,重点投向先进检测技术、人工智能与自主系统技术、生物技术、韧性通信与网络技术、数据与建模仿真技术、数字识别与信任技术、新兴计算模式、地球系统科学、创新材料与安全制造、社会科学等。

7.1.3 组织结构

HSARPA局长由国土安全部部长任命,向该部科技副部长汇报工作。HSARPA成立以来,组织机构几经变化。目前下设5个处级部门,包括:运行需求分析处、系统工程与标准处、技术中心管理处、技术跟踪评估与转化处、试验评估处。其中技术中心管理处统一管理着由7个主题团队组成的三个技术中心。

一是长期科学技术中心,包括:①危害研究与表征主题团队,专注于当前、新兴、未来的化生爆危害,研究和表征它们的特性,支持研制下一代检测设备;②社会科学研究主题团队,专注于技术进步对个人、社会和经济的影响及应对方式,以及打击暴力极端主义和预防恐怖主义的方法。

二是创新性系统技术中心,包括:①互操作性和兼容性主题团队,专注于当前、新兴、未来通信和网络能力,寻找提高其韧性和漏洞防护的方法;②传感器和平台技术主题团队,专注于国土安全所用的下一代智能化监视、检测、报警传感器系统的技术进步;③生物识别主题团队,专注于利用先进的身份识别方法、工具、技术识别个人和保护敏感人员信息。

三是先进计算技术中心,包括:①数据分析主题团队,专注于数据分析前沿技术,为国土安全部提供以用户为中心的数据分析方案;②建模和仿真主题团队,专注于发展训练、行动、威胁分析、事件响应的下一代建模仿真环境。

7.1.4 运行特点

1. 管理职能上已融入国土安全部科技管理体系

HSARPA 设立以来,经过 20 多年发展,已成为国土安全部本部工作部门,没有了像 DARPA 一样的独立预算渠道,科研管理上与国土安全部科技局其他部门形成相互分工的关系,所管理的技术中心在行政上属于国土安全部的技术中心管理处,科研任务紧贴国土安全部各项业务展开,虽然依旧关注新兴技术和未来需求,但不像 DARPA 那样完全独立自主。

2. 技术探索上高度依托主题专家领军

HSARPA 管理的三个技术中心以聘用的顶级专家为指导,7 个主题团队均由相关领域专家领衔,目前专家的专业构成包括行为科学、社会科学、经济科学、计算机科学、数学和数据处理、建模仿真、网络安全、人工智能、电气和机械工程、通信和网络工程、自主系统等,他们向国土安全部科技局以及国土安全相关各方就科学、工程、技术提供咨询建议,也服务于白宫与跨联邦政府部门的国家科技委员会,甚至参加双边和多边国际组织、国土安全部其他专项计划团队,人脉广、视野宽。

7.2 美国情报高级研究计划局

7.2.1 基本情况

美国情报高级研究计划局(IARPA)成立于 2006 年,隶属于美国国家情报总监办公室,使命定位是负责美国情报科技领域基础性、前瞻性、颠覆性研发,以突破科学界限,提出解决方案,使情报界更好、更高效地服务于国家安全。它不承担情报任务,也不直接应用技术,而是致力于推动研究成果在情报界的转化应用。

7.2.2 投量投向

美国从来不公开情报界的预算细目,因此 IARPA 预算也无确切数据可寻,据外界估算其年度预算可能高达数亿美元。除人员工资和日常办公费用外,该机构的预算主要用于资助下述领域的项目(图 7-1):①数据分析,包含自然语言处理、计算机视觉、图像识别、生物识别、语音识别和人类行为学等方向;②预测性情报,包含网络安全预测、人工智能安全、政治与社会危机、流行病和生物安全等方向;③数据采集,包含传感器、地理定位、通信系统、生物监测等方向;④计算技术,包含超导电子学、量子计算、计算神经科学、机器学习和网络安全等方向。近年,IARPA 重点投资数据分析和预测性情报两个领域的项目,数据采集和计算技术两个领域的项目数量相较此前有所减少。

图 7-1 2008—2022 财年 IARPA 研究项目领域分布(单位:个)

7.2.3 组织结构

美国国家情报总监负责管辖 IARPA，但一般不直接干预其运作与管理。IARPA 内设 4 个办公室：

一是意外预判办公室（OAS），主要关注情报预警、不确定性特征描述等方向。该办公室致力于培养可及时准确预测国家安全相关突发事件的能力。

二是深入分析办公室（IA），主要聚焦于大量、异构、难以确证的动态大数据分析，致力于在已有各种数据中继续寻求新的信息，并在分析过程中研究和应用创新型技术。

三是安保操作办公室（SSO），重点关注信息保障、高级计算机技术和架构、量子信息科学和技术、威胁侦测等领域。

四是智能收集办公室（OSC），致力于开发新的传感器和传送技术、新信息收集技术，并追求对多源数据进行相互关联以提高信息收集的质量、可靠性和时效性。

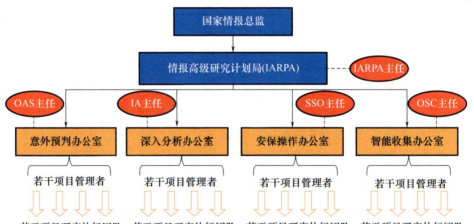

图 7-2 IARPA 组织结构图

7.2.4 运行特点

▶ **1. 聘用高水平项目经理并赋予其完全决策权**

IARPA 的项目一般由其下辖的 4 个办公室分头管理，办公室主任及其项目经理都是具有情报工作背景的业务精英，绝大多数拥有博士学位，兼具学术能力与政府工作经验。他们既富有想象力,又是经过实践证明能够应对情报界挑战的技术专家。该机构在选择项目经理时非常看重在政府部门和商业公司的工作履历,以确保其对政府科研项目的理解、对保密与非密边界的把控,以及对如何将科学研究合理转化为产品的认识和经验等,从而能在良好管理能力基础上推动项目开展,最终实现情报科技创新目标。项目经理不需要提出技术创新具体解决方案,而是努力寻找情报界和社会中最优秀、最合适的人来解决问题,他们对所负责的项目具有完全决策权。

2. 建立规范明确的项目实施过程

IARPA 本身并不从事情报科技研究工作,而是以规范的科研项目合同,委托企业、大学、研究机构等开展研究和创新。项目实施过程一般如下:①围绕情报界实践需求和情报科技发展趋势,结合专家咨询,提出各种项目规划并向外发布;②举行各种项目申请会,邀请感兴趣的科学家及研究团队参加,如意外预判办公室举行的"网络攻击非常规自动化探测环境"项目申请会,邀请业界知名公司代表和专家与会,向他们介绍项目总体结构、研究领域、研究目标、评价标准、合同规范,以及各种注意事项等,并与项目申请者进行面对面沟通,当面解决问题;③筛选确定项目团队,由项目经理根据研究目标和时间规划来跟踪项目进展、评估项目绩效等。

7.3 美国能源高级研究计划局

7.3.1 基本情况

美国能源高级研究计划局(ARPA-E)于 2007 年依据《美国竞争法》成立,隶属于能源部。使命定位是支持难以依靠行业内机构独立开展的高风险、高潜力能源技术,以"全新方式"应对三大挑战:能源独立、温室气体排放与气候变化,以及保持美国技术领先地位。

ARPA-E 只投资和关注那些有潜力对美国能源现状产生巨大影响的变革性技术,特别是支持受资助方跨越"死亡之谷",提升技术成熟度,实现技术转化应用。ARPA-E 不资助能源部技术路线图规划内的渐进性创新项目。按九级技术成熟度来划分,ARPA-E 资助的技术通常在"技术概念"到"实验室验证"

之间,研发后通常能达到"模拟环境验证"至"实际运行环境系统原型验证"之间,最终目的是推动技术快速获得私人或公共投资以进入市场。

7.3.2 投量投向

2009年,ARPA-E通过《经济刺激法》获得第一笔4亿美元的启动资金。此后所获得的财政经费缓慢上涨,2021财年为4.27亿美元,2022财年为4.5亿美元,2023财年为4.7亿美元,2024财年为4.6亿美元。ARPA-E以"探索主题"为投资的基本单元,一项探索主题经费一般在3000万美元左右,资助10~15个项目,资助周期为1~3年,单个项目资助额在50万~1000万美元之间,平均为200万~300万美元。2019—2023年五年间,ARPA-E共设立27项探索主题,可以概括为:①核能技术,包括低能核反应技术、聚变能概念验证技术、核能设施支撑技术等;②新能源技术,包括地质氢利用技术、高纯甲烷热解技术、颠覆性能源技术等;③节能环保技术,包括稀有金属藻类节能开采技术、负碳建筑技术、极耐用混凝土技术、多式联运系统与技术、空气与海水中二氧化碳收集技术等;④废物回收利用新技术。这些探索主题及其之下的项目既包括新原理、新机理、新方法探索,也包括解决实际问题的新理念、新技术应用,还包括对研发成果产业化发展的支持。特别是,ARPA-E拉动社会资本、其他政府部门资金投向具有发展潜能的能源技术,2009—2024年,在ARPA-E资助下,已成立157家新公司;颁发412项技术使用许可;360个项目与其他政府机构达成合作;235个团队筹集到了126亿美元的私营部门投资,以将技术推向市场。

7.3.3 组织结构

ARPA-E采用非常灵活的组织和管理模式(图7-3),其扁平化运营模式成为美国政府内部小型资助机构的典范;它的人员组成中,长期政府雇员只占少数,主要聘用限定任期的专业人员管理项目。

▶ **1. 管理层**

ARPA-E管理层包括局长和副局长。局长由国会批准、总统任命,直接向能源部长汇报工作,其下设运营副局长、技术副局长、商业化副局长各1名。局长领导该机构制定、实施、管理高风险、高回报项目,包括批准设立新的主题计划、制定资助准则、做出技术里程碑决策、向获得项目资助的机构拨付经费、终止没有实现目标的主题计划。

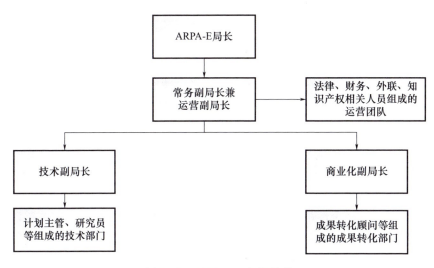

图 7-3　ARPA-E 组织结构

▶ 2. 计划主管

ARPA-E 从科学、工程、商业领域招聘顶尖人才,担任限期(通常为 3 年)的计划主管,负责主题计划的创建、设计、实施和具体项目的管理。计划主管的上级就是副局长和局长,他们定期听取主题计划进展情况汇报。目前 ARPA-E 聘有 17 名计划主管,包括 1 名技术高级顾问,在特定专业领域领导项目的开展。计划主管亲自参加项目,与项目承担者共同解决技术问题,确保项目按照预定的方向前进。为确保管理高效,ARPA-E 运营团队的法律、财务、缔约、知识产权等专业支撑人员,与计划主管同地协作,及时沟通,避免项目管理陷入烦琐冗长的官僚流程。

▶ 3. 研究员

ARPA-E 聘用若干研究员,协助机构开展独立的技术和经济分析,研究员不开展实验室研究,不直接参与决策,聘期通常在 2 年。目前 ARPA-E 聘有 6 名研究员。研究员的职责包括:①识别高影响力能源技术,开展独立的技术和经济分析以识别高影响力能源技术和机构资助空白,发表原创研究论文与综述;②支撑计划主管工作,通过技术分析、讨论和研讨会帮助制定未来的主题计划,协助管理现有项目,包括现场考察等;③支撑机构工作,评议项目提案,为建立机构战略方向和愿景提供建议。

4. 成果转化团队

ARPA-E 用技术在市场上的影响力来衡量计划和项目的成功与否。其聘用限定期限（聘期至少 2 年）的成果转化（"技术到市场"）专业顾问，负责向承担方提供技术转化实操培训和关键商业信息，使项目承担方能够清楚认识到市场需求，从而帮助受资助项目实现技术的商业化，如创建新公司、吸引外部投资等。目前 ARPA-E 聘有 13 名成果转化顾问，包括一名政府伙伴关系顾问。项目承担方在获得资助之前需要提交一份成果转化计划书，并在项目全过程中与 ARPA-E 的成果转化顾问密切合作，制定将项目推向市场的客户策略。成果转化顾问还有一个职责是利用全球市场数据与趋势分析，协助计划主管建立新的主题计划。

成果转化顾问将项目直接管理和广泛的市场开发活动结合在一起，开展以下工作：①向项目团队在营销策略、商业规划、知识产权、产品开发、供应链等方面提出建议；②评估客户需求，开展市场研究；③开展技术经济分析支持新的计划或资助项目；④锁定下一步公共和私人投资来源；⑤通常与主题计划主管共同进行现场考察；⑥推动和组织商业化研讨会和导师计划；⑦在一系列利益相关方（投资者、企业、政府机构合作伙伴等）面前代表 ARPA-E；⑧支持 ARPA-E 在规划、筹备和实施技术商业化方面起到领导作用。

ARPA-E 聘用的计划主管和成果转化顾问拥有学术界、产业界、国家实验室等不同背景，均是各自领域的领军人物，采用固定聘期制以促使形成紧迫感，在严格期限内完成目标和使命，同时人员定期更新也有助于保持对技术和市场发展现状的新鲜洞察力。

5. 运营团队

ARPA-E 运营团队包括法律、知识产权、采购、缔约、财务、人事等运营管理人员，提供专业事务性服务，向运营副局长汇报工作。外联人员负责协调与所有利益相关方（学术界、私营投资机构、政府机构、国会等）的联系，并审慎利用媒体进行宣传。

7.3.4 运行特点

1. 进行严格的主题筛选以确保项目兼具颠覆性和效费比

ARPA-E 面向能源全领域开展具体业务活动，筛选主题的模式包括：①制定领域主题研究计划,瞄准高风险、高回报、具有颠覆性创新潜力的能源开发项目;②定期开展开放式申请,快速支持非共识探索和机会型探索,避免遗漏在主题研究领域之外的创新思想。主题计划主管通过研讨会听取业内顶尖专家对于当前新技术及其发展机会的评估,汇总科学、技术和商业领域众多专家的建议,找出科学理论与技术、技术与市场相衔接时存在的难点和突破的可能性,确定具有挑战性但可实现的性能目标。获得 ARPA-E 支持的计划项目必须能取得"技术推动"和"市场牵引"的效益,即所研发的技术既是能用于能源系统的先进技术,又具备一定潜在市场和投入效费比。

2. 为项目提供细致的支持保障和全流程的监管服务

ARPA-E 的计划主管确定资助项目后,将与承担项目的机构进行合同协商,包括计划任务书细节、知识产权、预算信息、进度安排等,过程非常高效。ARPA-E 的技术、缔约、知识产权、财务和法律团队通过联合办公,减少官僚程序。项目承担方按照计划任务书开展研究,在项目执行期间,定期提交详细执行报告,接受计划主管的持续评估。项目完成既定研究目标后,ARPA-E 的工作并不就此结束,还通过推动与投资者、政府机构、大小企业和其他组织的联系,以帮助项目承担方加速技术转移转化,包括接受公共或私人机构进一步投资、成立新公司实现技术成果商业化等。在项目无法达到技术里程碑要求时,计划主管会考虑与项目承担者沟通改进措施,必要时利用"通过/不通过"决策方式快速决定项目去留,被终止项目的资金将转投那些更有希望的项目。

3. 与各相关力量开展密切协调以确保形成合力

ARPA-E 主要通过高级技术顾问小组协调与其他部门的业务方向,该小组由美国能源部相关业务局局长助理(或其指定人)以及科学局所有相关处室主任组成,在主题计划形成初期即密切合作来协调研究投资,并确定存在的资助空白/技术鸿沟。这一协调活动也告知其他进行中的研究活动的所有参与方,从而推动成功的项目向能源部其他业务局或其他机构转移,使其获得进一步投资。此外,ARPA-E 局长还积极与能源部科学局局长和主管能源与科学的副部长协调。在对外合作中,主题计划主管直接负责磋商对接,ARPA-E 运营团队中的外联人员负责具体联系事宜。在召开主题计划研讨会、制定项目招标公告的技术指标和评议项目申请时,都邀请利益相关的联邦机构派员参加,并将其意见纳入项目招标公告正式文本中。

7.4 美国卫生高级研究计划局

7.4.1 基本情况

美国卫生高级研究计划局(ARPA-H)由拜登总统提议于 2022 年 3 月成立,隶属于卫生与公众服务部,依托国家卫生研究院(NIH)运营。使命定位是针对最具挑战的医学问题,开展高风险、高回报技术研发,寻求快速、高效、更好地保障生命健康的方案。ARPA-H 的目标与美国国家卫生研究院相一致,不同的是,它以解决重大技术挑战为目标,开展任务导向型研究,快速支持具有巨大颠覆性潜力的生物医学技术研发,推动卫生健康大数据平台建设,促进政府、学术界、工业界和其他部门之间的合作,加速科技成果跨越转移转化的"死亡之谷"。

7.4.2 投量投向

ARPA-H 预算方面,2022 财年为 10 亿美元,2023 和 2024 财年均为 15 亿美元,2025 财年预算申请 15 亿美元。目前重点推动癌症、糖尿病、阿尔茨海默病等疾病研究,以期获得变革性成果,并加快在公共卫生领域的应用。

7.4.3 组织结构

ARPA-H 按照授权共设 14 个办公室,分别是采办与合同办公室、审计办公室、合作和沟通办公室、立法和政府事务办公室、战略资源办公室、治疗创新办公室、卫生公平传播和实施办公室、卫生数据办公室、卫生促进和疾病检测办公室、卫生资源和政策办公室、系统技术办公室、公平与包容办公室、战略规划办公室、创新创业办公室。其中治疗创新办公室为项目办公室、创新创业办公室为成果转化办公室,除这 2 个技术性办公室外,其他 12 个办公室都是支持这两个技术办公室的运营保障性办公室。由于卫生健康领域往往跨领域、跨部门、跨地区,ARPA-H 的技术办公室需要其余 12 个保障性部门为生物医学技术和项目的筛选与识别、管理、跨部门协调沟通和法律规范等提供强有力的支撑。此外,ARPA-H 每个办公室都有对卫生健康领域的现状、面临的重大问题和发展趋势提出相关建议的职责,办公室各司其职也相互配合,形成完整的"技术需求挖掘-运营需求分析-指南编制-签署合同-调拨资金-项目评估和监督-成果应用与商业化"项目管理链条,最终加速变革性生物医学技术跨越"死亡之谷"。

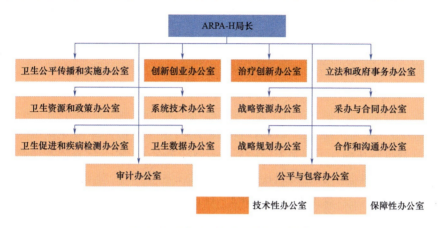

图 7-4　ARPA-H 法定组织架构图

在上述授权设立的办公室的基础上,ARPA-H 还新成立了项目加速转化创新办公室,旨在为项目经理和项目团队提供技术转化和商业化定制服务,最终将项目成果转化为改善公众健康的方案或产品。项目加速转化创新办公室由 3 个部门组成:以人为本设计部、健康生态系统合作部、技术转移与转化服务部。以人为本设计部从医疗实际需求入手,提供最简化可行产品和市场测试实验,深入挖掘客户与患者需求,寻找潜在攻关团队加速项目启动和技术研发。健康生态系统合作部与美国医疗保险和医疗补助服务中心、美国食品和药物管理局等政府监管机构保持密切联系,以确保在研发和技术成果转化全过程遵守相关法律法规,此外还与目标大学和公司建立沟通渠道,搭建由投资者、客户和其他相关实体组成的成果转化生态系统。技术转移与转化服务部为项目团队提供量身定制的企业组建、生产许可、知识产权培训、商业规划、监管指导等服务,以提高商业生存能力。

7.4.4　运行特点

1. 采取与 DARPA 相似的扁平化管理模式

ARPA-H 采用扁平化组织结构,自上而下分别为 ARPA-H 局长、办公室主任、项目经理三个层级。ARPA-H 局长由美国总统或卫生与公共服务部部长任命,可直接向卫生与公共服务部部长汇报;任期一般为 5 年,可续任 1 次。

ARPA-H 局长和副局长根据机构总体目标及使命,负责研发计划的制定和审查、预算决策、研发重点确定等。办公室主任负责向全社会招聘和指导项目经理,同时协助局长进行项目组织与协调,确定本部门的技术方向,监督项目的执行,对项目运行的所有事项负责。项目经理负责制定技术愿景、启动项目、推进与退出项目,以及确定技术成果转化的方式。

2. 具有较高的自主授权机制

ARPA-H 是 NIH 的下属机构,没有与 DARPA 等同高度的独立性和自由性。拜登政府在综合了包括美国白宫科技政策办公室、NIH、学术界和生物医学企业等多方意见后,通过立法将 ARPA-H 设在 NIH 内,但由卫生与公众服务部直接管辖,在一定程度上确保了 ARPA-H 的独立性和自主性。虽然 ARPA-H 在创新管理和技术研发上拥有高度的自主权、组织决策权,但是 ARPA-H 预算被打包在 NIH 的总预算中,并由 NIH 对 ARPA-H 进行拨款和审计监督。这种制度设计是在吸取美国卫生健康系统中发生的欺骗、挥霍、腐败等教训上采取的外部财务约束和监管的做法。与此同时,为了减轻 NIH 对 ARPA-H 管理的干预和影响,ARPA-H 选择在远离 NIH 的马里兰州贝塞斯达筹建。将 ARPA-H 设立在 NIH 内,有利于 ARPA-H 汇集 NIH 多年积累下来的基础医学研究成果和关系网络等创新要素,打破束缚技术创新的显性与隐性的壁垒,避免重复性投资,加速对高风险、高回报的颠覆性技术的支持。

3. 采用以项目经理为核心的运行机制

与 DARPA 模式类似,ARPA-H 存在管理决策和技术决策两个关键层级:管理决策由局长通过自上而下制定科技项目规划并监督实施;技术决策则由项目经理来发现创新灵感、确定技术方案、选定项目执行团队,以及监督项目进展等。在扁平化组织架构中,ARPA-H 关于研究进程的核心都是围绕项目经理来开展的,通过赋予项目经理极大的自主性,提高决策的速度和效率。ARPA-H 项目经理任期一般为 2~3 年,可续聘 1 次;拥有高度自主决策权、极强的专业技能及行业网络组织能力,从而更好管理相关卫生健康领域内高风险、高收益的研发项目。一旦项目执行,项目经理需对项目进行全过程追踪和"里程碑"管理,确保项目能够在有限的任期内完成。此外,如果项目研发过程中出现问题,则项目经理需要将项目情况及时汇报给 ARPA-H 主任以保证项目能快速推动或者及时叫停。

4. 目标是建立和发展疾病诊断和治疗平台

现阶段 ARPA – H 典型的示范性项目大多侧重于癌症、阿尔茨海默病等疾病,但这并不意味着 ARPA – H 只专注于解决特定疾病。ARPA – H 关注的范围极为广泛,包括癌症、高血压、传染病和人口健康水平的干预等,其目标是建立和发展适用于各种疾病诊断和治疗的平台。ARPA – H 为第一批聘用的项目经理制定了 4 个重点研究领域和方向:①未来健康科学,旨在加快该领域的研究进展,开发适用于疾病诊断和治疗的工具和平台;②可拓展的解决方案,旨在应对包括地理分隔、分销、制造、数据和信息以及规模经济在内的挑战,制定行之有效、及时和公平的救治解决方案和计划;③主动预防,旨在预测病毒、细菌、化学、物理或者心理等因素对健康的威胁,提高对疾病的检测和预防能力,降低患病概率;④韧性综合医疗体系,旨在应对社会动荡、气候变化、经济不稳定和流行病等危机,保持个人与社会之间的关系稳定,更好地促进健康和增强幸福感。

7.5 俄罗斯先期研究基金会

7.5.1 基本情况

苏联解体后 20 年里,俄罗斯国防科研缺乏统筹管理,忽视前沿性探索研究,鲜有新技术突破,技术储备不足,制约了新一代装备的研制。为扭转局面,2012 年 10 月,俄罗斯成立先期研究基金会,采取多种措施,挖掘和利用各界创新潜力,完善国防前沿技术管理体制;紧密结合未来武器研发需求,重启苏联时期开展的研发项目或顺应世界技术创新趋势设立新的研发项目。

先期研究基金会成立前,俄罗斯主要由政府内阁部门中的工业与贸易部、科学教育部负责国防科研事务,但涉及前沿技术的管理职责交叉,整体上缺乏统筹和高效的管理体制。先期研究基金会成立后,由其统筹相关科研力量,组织开展军用和两用创新技术以及颠覆性、高风险项目研究,支撑武装力量能力升级,有效抵御各层面安全威胁。

俄罗斯先期研究基金会立足于弥补预测、分析、探索研究,基础研究和应用研究,应用研究与生产技术,工业生产和使用单位、总订货商需求之间,以及上述过程各阶段之间的巨大鸿沟,充当科研项目全程跟踪管理协调机构;着眼国防建设长远需要,通过与科学院、国防部等国家政权机构、国家集团公司,以及其他类型单位签署合作协议,尽可能调动所有科研力量开展与国防相关的基础科学和应用科学技术研究,尤其注重面向未来 10~15 年的高风险、高回报、突破性技术。

7.5.2 投量投向

俄罗斯先期研究基金会的资产和运作经费主要来自俄联邦预算、基金会工作收入、自愿捐款和其他收入。2013—2017 年,俄联邦为先期研究基金会拨款 182 亿卢布(约 4 亿美元)。支持重点被划为 3 个"综合研究领域":①未来武器综合研究领域,基于物理与技术原理,研发应用于从轻武器到航天器各类装备的先进技术,包括高速装备、数字化生产、水下装备、智能武器 4 个方向;②"未来保卫者"综合研究领域,基于生物化学和医学技术,研发生物医药技术、高温高强材料技术、新能源技术、神经系统与仿生技术,包括前沿医学、新型材料、未来能源、集成生物系统、仿生学 5 个方向;③"未来网络武器"综合研究领域,基于信息技术,研发网络威胁应对技术,包括信息处理和传输系统、人工智能、网络安全、社交网络、探测技术 5 个方向。

7.5.3 组织结构

俄罗斯先期研究基金会设监察委员会、管理委员会、科技委员会、审计委员会共 4 个顶层机构。监察委员会是最高管理机构,15 位成员由俄总统任免,职责是明确相关条例、制定三年工作计划、批准投资项目并进行拨款;管理委员会由基金会主席负责,履行具体管理职能;科技委员会由 39 位来自政府部门、大型企业、科研机构的专家组成,为筛选项目和制定投资方案提供技术咨询和指导;审计委员会负责财务监管。同时,先期研究基金会采用从社会聘任的方式,组建了一支由科技、经济、生产各领域专家组成的 200 余人工作团队,负责具体项目组织管理。先期研究基金会管理架构如图 7-5 所示。

7.5.4 运行特点

俄罗斯先期研究基金会突出的运行特点是非常重视对项目的全程跟踪管理,确保每一个项目产生成果并转化应用。从科研管理流程上看,可划分为研究规划、项目遴选、项目筹备、项目落实、成果转化 5 个阶段。

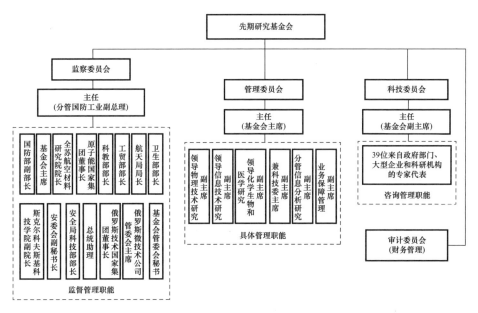

图 7-5 俄罗斯先期研究基金会管理架构图

研究规划。这是先期研究基金会的一项核心工作,规划拟定和项目落实情况决定了基金会作为促进国家、武装力量和工业技术发展机构的成效;根据拟定的研究规划,基金会按照严格的标准和程序,以招标、邀标、组织竞赛等方式遴选具体项目。

项目遴选。先期研究基金会设有研究领域专家组,评估每个申请项目,再根据评估意见对项目分组,提交基金会科技委员会审议。先期研究基金会对国家安全威胁和应对方式进行了分类,最终获选项目须满足两个条件:一是具有应对国家安全威胁的潜力;二是具有转化应用的可行性。

项目筹备。主要包括科技委员会与承研单位商定将相关项目列入项目清单,注明各个项目的名称、落实期限和所需资金,报监察委员会批准。

项目落实。聘任专家担任项目经理,以命令形式为列入清单的项目任命项目负责人,由项目负责人和承研单位组建实验室。

成果转化。紧密结合国防部、工业与贸易部等新技术需求,从项目规划阶段就分析未来发展预期。先期研究基金会与部分大型企业达成协议,项目取得预期成果后,企业会自筹经费开展后续研究。但对于发展预期不明朗,无法获得后续投资的研发项目,先期研究基金会将考虑向私营企业推广,推动项目继续开展。

7.6 日本安全保障技术研究推进计划

7.6.1 基本情况

日本"安全保障技术研究推进计划"(以下简称"计划"),设立于 2015 年,是日本防卫省成立的首个国防科技创新专项,明确要效仿 DARPA 模式,支持大学、企业等社会力量参与防卫省的基础性技术与前沿技术研究,意在快速挖掘现有先进民用技术成果,向国防应用转化,以加速夯实武器装备研发生产相关技术储备,同时调动全社会力量构建专注国防科技研发、长期安全稳定、可快速催生先进技术的国防创新体系。

该计划主要涉及三种技术:一是可大幅提升装备性能的关键基础技术;二是可催生新概念装备的创新性技术;三是可快速实现军事应用的战略前沿技术。

7.6.2 投量投向

"计划"设立后,首年经费仅为 3 亿日元,2017 年迅速增长到 110 亿日元,此后年度经费基本保持在百亿日元左右,从最初的探索性投资发展成为稳定的规模性投入,如图 7-6 所示。截至 2023 年底,"计划"总投资达到 736 亿日元。

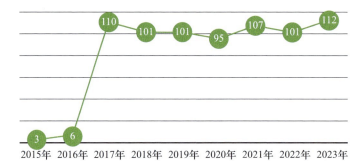

图 7-6 "计划"投资金额的发展趋势(单位:亿日元)

"计划"投资的项目分为三类,如表 7-1 所列,一是目标合理的前沿、创新性技术研究(A 类);二是高风险、颠覆性技术研究(B/C 类);三是研究目标明确、预计成果显著的大型技术研究项目(S 类)①。不同类项目的研发周期与经费规模有所不同,A 类项目为期 3 年,年度费用不超过 3900 万日元;B/C 类项目为期 1 年,费用不超过 1300 万日元;S 类项目为期可达 5 年,总经费可达 20 亿日元。

表 7-1 "计划"项目申请与立项统计

年度/年	申请数/项	立项数/项	A/C 类高风险项目/项	S 类大规模投资项目/项
2015	109	9	9	—
2016	44	10	10	—
2017	104	14	8	6
2018	73	19	12	7
2019	101	21	13	8
2020	120	20	13	7
2021	91	23	14	9
2022	102	24	13	11
2023	119	23	13	10
合计	863	163	105	58

"计划"项目承担主体为企业和研究机构,投向大学的经费占比相对较低。据不完全统计,近 55% 的经费投向企业,超过 30% 投向国立和公立科研机构以及非营利组织,约 15% 投向大学,如图 7-7 所示。其中,由大学、学术机构承担防务技术研发任务,突破了战后日本"大学和研究机构不参与政府主导军事研

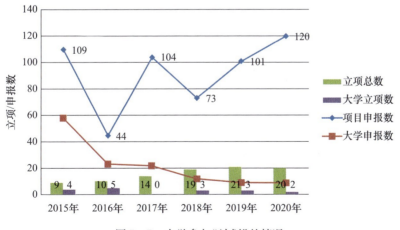

图 7-7 大学参与"计划"的情况

---

① "计划"起初将项目分为 A、B 两类,2017 年将 B 类项目改称为 C 类项目,并增设 S 类项目。

究"的原则。为此,2017 年日本学术会议对这种做法提出强烈反对,此后多数高校选择放弃申请"计划"项目。相较于大学,企业与研究机构所受社会舆论压力较小,申报积极性较高,承担了绝大多数研究项目。

"计划"投资的技术可归纳为六大领域(依据对 2015—2020 年投资的 93 个研究项目的统计),按照投资量依次为:①材料与制造技术,集中在碳纤维增强复合材料、陶瓷基复合材料、高温合金、超材料、防护材料、光学材料、吸附材料、增材制造技术、表面处理等方向;②电子与光学技术,集中在电子元器件与材料、激光器、光束控制、光学与电子系统等方向;③动力能源技术,集中在水下充电、高性能电池、脉冲电源、生物质发电等方向;④网络信息技术,集中在探测、通信两个方向;⑤智能与机器人技术,集中在机器学习、人机交互、机器人技术等方向;⑥平台技术,投资了飞机、舰船、车辆总体设计、动力系统、材料与结构、先进控制、经济性等方向,其中着重研究了高超声速飞行器和海上平台减阻技术。

7.6.3 管理结构

"计划"主要由统管日本武器装备采购、研发、试验、评估的防卫省防卫装备厅运行。防卫省未设置独立的管理机构,仅作为防卫装备的专项进行管理。"计划"的管理结构如图 7-8 所示。

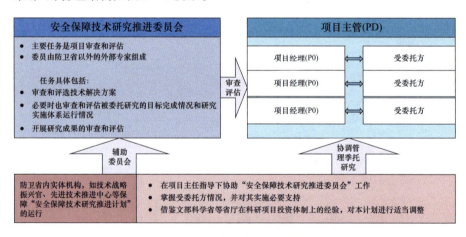

图 7-8 "计划"的管理结构

防卫装备厅对"计划"项目采用内部官员与外部技术专家协同管理的方式。防卫装备厅内部设有两种管理职位:一是项目主管,主要由防卫装备厅长官根据研究领域指定,一般由科研经验丰富的官员担任(如防卫装备厅技术战略部官员),负责整体统筹管理;二是项目经理,一般由防卫省内提出研究需求的科研负责人担任,他们兼具专业技术知识与管理经验,在项目主管的领导下管理具体项目,与受托方沟通协调。除上述两种职位外,防卫装备厅下属先进技术推进中心和技术战略部等技术管理部门,在"计划"实施中发挥着重要的统筹协调和支撑作用。

为保障"计划"有效运行,防卫装备厅还成立了由外部技术专家组成的"安全保障技术研究推进委员会",职能是审查和评估"计划"支持的项目,负责项目全程技术把关,包括审查竞标方案、筛选中标者、评估项目各阶段成果等。委员会成员主要由大学、研究机构的专家担任,接受防卫装备厅的直接领导,约30人左右,防卫装备厅根据评审内容调整委员会具体成员。

7.6.4 运行特点

1. 研究项目按照风险程度分类分级投资

针对风险大、不确定性高的A、B/C类项目,研究周期设置为3年以内,年度经费也分别设置了3900万日元和1300万日元的上限。同时,在合同签订方面,采取一年一签的方式,以保持对前沿技术的敏感性。针对大规模投资的S类项目,则要求一次性签订多年合同,这样既确保了项目团队和资金稳定,也避免重复审批,提升了管理效率。这种分类分级的做法既保障了投资的灵活性也兼顾了投资的稳定性。

2. 强调"官产学"科研力量集智攻关

防卫省要求S类项目必须由至少两家单位联合申请。这一要求可促进企业、国立研究机构、高校间的联合研究,打破学科和机构界限,加速不同科研力量与研发资源的交融,推动形成开放式创新环境。"计划"还要求S类项目研究过程中,必须开展大规模试验验证,以确保成果的可靠性,体现出日本政府较为重视S类项目的投资回报。

3. 采用覆盖项目全程的规范严谨的管控机制

项目申报遴选阶段:每年3月左右,公布"计划"的"项目公开招标指南",用2~3个月时间向全社会征集技术需求解决方案,指南详细说明项目需求、审查标准、经费投入等;6~8月召集"安全保障技术研究推进委员会"专家进行项目方案评审,择优采纳;10～12月与承研单位签订合同,为期1～3年的项目一年一签,5年的项目一次性签订多年合同。项目实施阶段:合同签订后,研究负责人开始根据"业务计划书"开展项目研究,防卫装备厅指定一名项目经理管理项目,包括进度管理以及与研究者的协调,不干涉研究内容;到项目中期检查节点,召集"安全保障技术研究推进委员会"专家进行项目中期评审,根据研究水平,将被评项目自上而下划分为 A、B、C、D 四个等级,其中 B 级为达标等级,C 级为需修改研究计划的项目,D 级为需中止的项目;到项目验收节点,召集"安全保障技术研究推进委员会"专家进行结题验收评审,根据研究水平,将被评项目自上而下划分 S、A、B、C、D 五个等级,其中 B 级为达标等级,C、D 级为未达到预期和未取得相应成果的项目。

4. "计划"项目的创造创新容易受到较大干扰

"计划"沿用了大多数科研管理机构采用的同行评议机制。目前,"计划"主要对项目实施三次立项审查:第一次审查是防卫省内部人员基于各方提交的方案材料,审查该方案对国防是否有益,并对其评分;第二次审查需方案提交者现场阐述方案,由"安全保障技术研究推进委员会"专家对方案的创新性和可行性等进行评分;方案的最终审查仍由这些专家负责,并基于第一次和第二次审查的评分结果,综合决定是否采用该方案。由于"安全保障技术研究推进委员会"由防卫省组织,人员相对固定,评审结果极易受防卫省干扰。在这样的评审机制下,研究团队难以自主掌控项目研究方向和研究内容,自主创造创新往往受到较大制约。

7.7 法国创新与工业基金

7.7.1 基本情况

法国创新与工业基金(FII)由法国政府于 2018 年设立,旨在支持颠覆性技术创新及其产业化,支持和促进技术密集型初创企业发展。该基金由法国政府出售 Engie 集团(前苏伊士环能集团)、雷诺集团、法国电力集团、泰勒斯集团等公司的政府股权与证券募集而来,总规模达 100 亿欧元。该基金由法国政府委托法国国家投资银行运营,运营收益(每年约 2.5 亿欧元)用于支持科技创新。

7.7.2 投量投向

FII 计划每年将约 2.5 亿欧元的运营收益全部投入三个方向:一是支持重大挑战创新项目,每年投入约 1.2 亿欧元。该项目由法国政府受 DARPA 模式启发而设立,旨在促进前沿颠覆性技术研发,并营造创新生态环境。二是支持技术密集型初创企业,每年投入约 7000 万欧元,其中 1000 万欧元用于补充调整法国科技新兴基金、1500 万欧元用于支持科技创新竞赛、4500 万欧元用于增加对高科技公司和个人研发项目的资助与奖励。三是支持重大产业项目,每年投入约 6000 万欧元,其中 2500 万欧元用于支持微电子项目、3500 万欧元用于支持新能源汽车电池研发。

需要指出的是,由于基金实际收益未达预期等原因,FII 的实际投入与原定计划存在一定差距、所资助项目进展缓慢。法国新闻社报道称,该基金在 2018—2019 年实际投入仅相当于原定投入的五分之一。

7.7.3 组织结构

FII 由法国国家投资银行设立的基金理事会进行管理与决策,理事会包括 7 名成员,具体为理事会主席,法国经济部长指派的 3 位人员,以及教研部长、预算部长、工业部长各自指派的 1 位人员。

该基金还受法国创新委员会和法国投资总秘书处的监督。其中,法国创新委员会成立于 2018 年 7 月,由法国经济部长与教研部长共同领导,负责设计确定国家创新政策重点方向、明确具体创新举措、就创新资助提出建议等。投资总秘书处主要负责对政府各项投资活动予以指导监督,确保国家投资政策的一致性,支撑"法国 2030"战略的实施。

7.7.4 运行特点

FII 的管理运行模式更像风险投资或天使投资基金,针对其所支持的重大挑战创新项目、技术密集型初创企业、重大产业项目等三大方面采取了不同的管理运行模式。根据本书研究目的,下面重点分析其重大挑战创新项目的管理运行模式。

▶ 1. 明确五大挑战创新项目

重大挑战创新项目由法国创新委员会依据四个原则确定,一是能够推动科学技术发展;二是能够应对当前社会所面临的挑战;三是具有一定的商业应用前景;四是能充分调动法国企业与研究机构的人才资源。基于上述原则,法国创新委员会确定五大挑战创新项目:一是通过人工智能改善医疗诊断,如通过医疗数据收集与分析,提供个性化、预测性医疗服务;二是确保使用人工智能的系统具备安全性、可认证性和可靠性,包括推动系统安全相关技术开发、启动人工智能标准化项目等;三是强化网络安全,使系统可持续抵御网络攻击,如能够检测异常网络流量并预测网络攻击等;四是以较低成本生产高附加值的生物蛋白质,包括提高整个蛋白质生产链产量等;五是研发高比能源储存技术以实现交通出行零排放,包括研发电池化学、燃料电池、氢密集存储、超容量可再生和高效能存储技术等。

2. 设置项目负责人进行具体管理

FII 为五大挑战创新项目分别设置一位负责人,进行具体项目运行管理。这些负责人由投资总秘书处负责招聘,聘期 3~5 年不等,要求在基础科研、技术转化、沟通协调等方面均具备一定能力和基础;主要负责确定具体研究项目与资助方式、选定研究团队并监督项目进展、与政府机关沟通合作以消除监管阻碍等事宜。

3. 实施先承诺后资助机制

为确保所资助项目如期推进,FII 实施先承诺后付款机制。该机制主要包括三个阶段:一是计划阶段,由基金理事会依据基金预期收益,确定年度基金预算和具体支出计划;二是承诺阶段,由理事会依据支出计划选择具体项目和供应商,并向供应商承诺投入资金,商定资金支付条件,该承诺具有法定约束力,所承诺资金的总额不得超过相应时段内基金的实际收益额;三是支付阶段,当供应商达到商定的支付条件后,再行支付。以 2020 年度为例,FII 计划资助 1.62 亿欧元,截至 2020 年 12 月 31 日,承诺资助额达到 1.62 亿欧元,但仅支付 7000 万欧元。

7.8 英国先期研究与发明局

7.8.1 基本情况

英国先期研究与发明局(ARIA)是英国政府资助的独立公共研究机构。ARIA 由英国政府于 2021 年 2 月提议成立,2022 年英国通过《先期研究与发明局法》予以确认;2022年7月,英国政府宣布ARIA理事会主席为马特·克里福德(英国Entrepreneur First公司联合创始人、前任首席执行官),首席执行官为伊兰·古尔(美国Activate国际公司创始人、前首席执行官),2023年1月ARIA正式设立。英国政府借鉴美国DARPA做法,将ARIA的使命定位为通过资助开创性、颠覆性技术和产品研发,巩固英国作为"全球科学超级大国"的地位。

ARIA主要职能:一是资助高风险、高回报基础性研发,形成新的技术成果与产业;二是推动科学知识的转化利用;三是促进科学知识的搜集、整理、共享。该机构与英国当前最为重要的研究资助机构英国国家科研与创新署为合作关系,二者相互协同、互有侧重,共同推动英国创新能力提升。

7.8.2 投量投向

英国政府计划在ARIA成立后四年内提供至少8亿英镑资金,并承诺如果机构运转成效较好,将进一步提升对其经费的投入。由于新近成立,尚处于启动阶段,ARIA的具体经费投量还不明朗,已明确的重点资助方向是人工智能、量子计算等"共性技术"。

7.8.3 组织结构

根据英国《先期研究与发明局法》规定并结合ARIA官网信息,该机构领导层包括理事会主席、首席执行官、首席财务官等,其中理事会主席、首席执行官均由英国政府确定,其他职位由理事会主席确定。在执行层还将设立若干委员会,每个委员会可下设若干分委会,委员会成员由理事会成员和其他人员构成。

7.8.4 运行特点

▶▶ 1. 依法遵循四大自主原则

一是战略自主原则,可自主制定战略与规章、自主确定研究方向、自主招聘和辞退人员,以推动形成符合其使命定位的文化;二是项目自主原则,拥有较大的科研项目管理自主权,项目资金分配、目标制定、进度把控等均不受政府部门影响,主要由具有相关技术专长的人员决定;三是机构运营自主权,不受英国政府资助制度或政府部门可能存在的多层审批程序约束,将更为敏捷、高效,可探索试行大额奖金创新竞赛、种子基金、小额赠款等新型资助模式,以激励受资助的研究团队和研究人员;四是高风险、高收益研究自主权,可自主确定和实施有颠覆潜力的变革性技术项目,或可转变科学范式的项目,虽然这类项目大多数都会归于失败,但成功的项目能对社会产生深远影响。

▶ 2. 不局限于具体的研究方向

英国政府不会为 ARIA 指定研究方向,以使其不局限于具体的领域、行业或技术,这是与英国国家研究与创新署的根本不同。ARIA 将像 DARPA 一样,在基础科学和应用科学的交叉点提供资助,这类研究有多种应用可能性,往往会创生多种产品,转化应用到多个行业。但与 DARPA 不同,ARIA 所资助的研究不局限于国防应用,对军口与民口研发创新一视同仁,致力于与多个政府部门建立联系,以推动英国多个工业领域的发展。

▶ 3. 项目经理具有较大自主权

ARIA 仿照 DARPA 做法设置项目经理职位,要求项目经理具有卓越的科技专长、领导能力和项目管理技能,并为每个项目经理设置 3~5 年不等的任期。项目经理负责设计、领导和亲自参加研究项目,并在项目资金确定、目标制定、启动与完成等方面拥有较大自主权。截至 2024 年 3 月 ARIA 共招募了 14 名项目经理。2024 年 3 月 13 日,ARIA 启动"规模化计算:将人工智能成本降至千分之一"项目,未来 4 年投资 4200 万英镑,支持研发能大幅降低人工智能硬件成本的技术。

▶ 7.9 欧洲创新理事会"探路者计划"

7.9.1 基本情况

欧洲创新理事会"探路者计划"(EIC Pathfinder)于 2018 年 1 月开始试点运行,2021 年 3 月正式启动。该计划旨在识别与推动改变游戏规则的颠覆性创新技术,为其提供从早期研发阶段到早期商业化阶段的直接支持,以使欧洲成为创新领域领跑者。

7.9.2 投量投向

欧洲创新理事会在 2021—2027 年将获得超过 100 亿欧元的经费支持。"探路者计划"下含"开放式"和"挑战式"两类项目,2021 年经费投入为 3 亿欧元,其中 1.68 亿欧元投向"开放式"项目,1.32 亿欧元投向"挑战式"项目;2022 年经费投入为 3.5 亿欧元,其中 1.83 亿欧元投向"开放式"项目,1.67 亿欧元投向"挑战式"项目("挑战式"项目 2022 年共收到 436 份提案,从中遴选资助了 44 个项目,平均每个项目资助 380 万欧元);2023 年经费投入为 3.43 亿欧元,其中 1.795 亿欧元投向"开放式"项目,1.635 亿欧元投向"挑战式"项目;2024 年经费投入为 2.56 亿欧元,其中 1.36 亿欧元投向"开放式"项目,1.2 亿欧元投向"挑战式"项目。参加"探路者计划"项目的研究人员通常来自大学、研究机构、初创企业或高科技中小企业。

7.9.3 组织结构

"探路者计划"由欧洲创新理事会管理,该理事会于 2021 年 3 月由欧盟委员会设立,作为"地平线欧洲"研发支持计划下的创新资助机构,旨在识别、开发与转化应用颠覆性技术,扩大创新型初创企业和中小企业规模。除了这一计划,该理事会还设有"转化器计划",支持有市场前景的科研成果的转化应用;"加速器计划",支持初创企业和中小企业开发和推广创新产品。

7.9.4 运行特点

1."开放式"项目面向社会广泛征集创新提案

"开放式"项目不提前确定研究主题,对任何科学、技术或应用领域的高风险、高收益创新提案均持开放态度。欧洲创新理事会为"开放式"项目明确了三项具体标准:一是能够推动科学技术的突破与进步,二是能够对经济与社会产生积极影响,三是有明确具体的应用前景。每个"开放式"项目最多可获得 300 万欧元资助。

2."挑战式"项目有明确的研究主题

"挑战式"项目主要面向明确的研究主题和研究目标。如 2020 年明确了自我感知人工智能、测量大脑活动的工具、细胞和基因治疗、绿氢、活性材料改造共 5 项研究主题;2021 年明确了二氧化碳和氮的管理与利用、中长期集成式储能系统开发、心脏基因组学、迈向持续性医疗保健、DNA 数据存储、量子信息处理共 6 项研究主题。欧洲创新理事会将围绕研究主题征集提案、确定研究项目和团队,并将面向同一研究主题的选定项目凝练成一个项目包,以加强项目间的协同互补。每个"挑战式"项目最多可获得 400 万欧元资助。

7.10 北大西洋防务创新加速器

7.10.1 基本情况

冷战结束后较长时间内,北约成员国普遍削减国防经费。受研发投入不足的影响,大多数成员国(主要是欧洲国家)国防科技发展放缓。近十几年来,人工智能、量子、5G等新兴技术迅速兴起,在此背景下,经过较长时期的研究磋商,2021年北约宣布组建"北大西洋防务创新加速器"(DIANA)组织,并明确DIANA借鉴美国DARPA和国防创新小组运行模式,核心职能是识别防务和安全关键问题,广泛征集技术解决方案,筛选具有应用前景的颠覆性技术或方案,经试验验证后推荐给北约成员国转化应用。

2022年北约发布DIANA运行章程,计划于2023年试运行,2025年正式运行。2023年6月,DIANA围绕能源韧性、信息安全共享、感知与监测3个战略技术方向,启动首次提案征集活动,标志着该机构进入运行阶段。

7.10.2 投量投向

北约目前尚未明确DIANA有无专门的资金投入渠道,从开源信息看,现阶段可能主要依靠"北约创新基金"支持。该基金是目前世界上首个多国风险投资基金,由北约22个成员国于2022年6月启动,资金规模为10亿欧元,用于支持初创企业的防务技术创新及军民两用技术研发,关注的技术领域与DIANA基本重合,将优先投向基金参与国企业向DIANA提出的技术方案。

DIANA明确将被北约峰会列为重点关注的9个新兴与颠覆性技术领域作为其投资重点,包括人工智能、数据与计算、自主、量子、生物与人效增强、高超声速、太空、新材料与先进制造、能源与推进。计划每年围绕这9个领域,确定10个以上"战略技术方向"征集提案,筛选确定支持项目。作为启动年,2023年确定了3个方向:一是能源韧性,包括新能源发电、能储、电力调配及管理的软硬件、检测技术,以及能源设施网络安全相关技术等;二是信息安全共享,围绕实时数据传输需求,研究提出可营造安全可靠信息环境的方法,包括在开放网络中使用的软硬件等;三是感知与监测,包括海底测绘、海底基础设施监测、人造物和海洋生物追踪、气候变化效应监测等可显著提升水下环境监控能力的技术。

7.10.3 组织结构

DIANA 设董事会，由各盟国代表组成，负责组织管理、战略方向和投入重点确定、创新与合作活动审批等。目前由美国代表芭芭拉·麦克奎斯顿（曾任美国国防部科技副首席技术官）担任主席。下设双总部、测试中心、加速器站点等机构。

双总部分别设在英国和加拿大，主要负责战略需求和关键技术征集、创新机构资源统筹等工作。测试中心已设立 180 多个（截至 2024 年 6 月），分布在 23 个北约欧洲成员国和美国、加拿大，覆盖全部 9 个技术领域，主要职能是为科技创新机构提供专业实验条件。加速器站点已设立 20 多个，分布在英国等 18 个北约欧洲成员国和美国、加拿大，主要职能是汇聚北约成员国军政商科技创新优势力量，通过"沉浸式"课程、"训练营"等方式，为创新机构提供需求对接、专业指导、市场开拓、技术研发、融资支持、风控管控等方面的咨询服务。

7.10.4 运行特点

1. 统筹利用成员国优势创新资源

DIANA 作为北约创新促进机构，其总部、测试中心、加速器站点分布在 24 个成员国境内，占到成员国的 80%，覆盖了美国、英国、法国、德国、意大利、加拿大等美欧科技发达、创新资源丰厚的国家，围绕防务和安全关键问题，针对新兴与颠覆性技术领域，批量设定"战略技术方向"，面向社会征集技术方案，这种运行管理方式，有助于聚合优势创新资源，优化提升北约创新生态系统，进一步推进新兴与颠覆性技术发展，并加快技术成果向军用转移转化。

2. 分阶段推动技术研发和转移转化

作为试运行，2023 年提报的首批提案，将评估筛选 30 多家企业进入第一阶段（即"训练营"阶段），每家入围企业可获 10 万欧元，用于完善提案中的技术方案；半年后，选取 3~6 家企业进入第二阶段（即"规模"阶段），入围企业可再获 30 万欧元，用于技术方案可视化展现、技术转移转化策略研究制定、与投资者和用户合作对接等。通过上述两个阶段，入围企业利用测试中心、加速器站点等机构，加速技术方案的试验验证。北约成员国将从中选取应用前景明确的技术方案或产品，纳入国防采办项目。

附录 1
DARPA 历任局长简介

1. 罗伊·约翰逊(Roy Johnson)

DARPA 第一任局长,任期为 1958—1959 年。

任内重大事件:美国处在苏联发射世界上首颗人造地球卫星的冲击之中,美国成立国防部研究与工程署和国家航空航天局(NASA)。

个人履历:罗伊·约翰逊 1948 年起任通用电气公司副总裁,负责电子业务,擅长带领小型团队解决热点问题,其以高超的管理能力闻名,但缺少技术背景,被舆论认为是重大缺陷。1958 年任 DARPA 第一任局长,任职后做的第一件事便是邀请物理学、信息技术、材料学等领域顶尖专家加入 DARPA,给予他们大量资金和充分自由。在约翰逊领导下,DARPA 很好地梳理了各军种转移过来的项目并对其分类,还提出了具有前瞻性的太空发展长期规划。任职期间,与员工保持密切沟通和联系,常对员工说三句话:"不论我们在一起还是分开工作,彼此之间都不存在信息交流的障碍;没有微不足道的问题,欢迎随时与我沟通;我对科学一无所知,但我精通管理。"

2. 奥斯汀·贝茨(Austin Betts)

DARPA 第二任局长,任期为 1960—1961 年。

任内重大事件:美军大规模入侵越南,美国雇佣军入侵古巴。

个人履历:奥斯汀·贝茨是美国陆军军官,曾为西点军校学生,第 62 海岸炮兵团少尉,陆军工兵部队第二中尉至上校,陆战队准将至陆军中将。1960 年担任 DARPA 局长,贝茨是 DARPA 的过渡局长。

3. 杰克·卢伊纳(Jack Ruina)

DARPA 第三任局长,任期为 1961—1963 年。

任内重大事件:美越间大规模战争爆发,古巴导弹危机,苏联成功试爆迄今世界上最大当量(5000万吨 TNT)的氢弹。

个人履历:杰克·卢伊纳获得纽约大学理工学院电气工程学博士学位,后在国防部任职,先后担任美空军研究与工程助理部长帮办、空军研究与工程助理部长。1961 年担任 DARPA 局长,任职期间被授予"弗莱明"奖,即政府十大杰出青年之一。卢伊纳认为科学的质量高于军事需求,努力塑造 DARPA 高技术组织形象,关注员工素质和项目质量,开展高质量基础研究工作,管理方向紧跟"总统关心的问题"。卢伊纳对苏联在外太空、大气层内和地下进行的核试验感到忧虑,称唯一的方法是通过监测爆炸产生的地震波来监视。上任时接手了 Vela(探测苏联核爆炸试验)和 Defender(弹道导弹防御)两个项目,广泛带动了震波地质学、地震学和射电天文学等学科的发展;探索计算机在指控和通信方面的应用,任内成立了信息处理技术办公室,大力发展计算机技术,为美军打开了信息时代的大门。

4. 罗伯特·斯普劳尔(Robert Sproull)

DARPA 第四任局长,任期为 1963—1965 年。

任内重大事件:越南战争持续,美国入侵多米尼加。

个人履历:罗伯特·斯普劳尔是教育学家、物理学家,毕业于深泉学院,后在康奈尔大学学习英语文学和物理学,获得康奈尔大学物理学博士学位。毕业后任职于康奈尔大学,负责管理原子和固态物理实验室材料科学中心。此后担任 DARPA 局长,任内大力倡导政府、学术界和工业界的合作,助力美国与苏联的军事技术竞争。

5. 查尔斯·赫兹菲尔德(Charles Herzfeld)

DARPA 第五任局长,任期为 1965—1967 年。

任内重大事件:越南战争持续。

个人履历:查尔斯·赫兹菲尔德获得美国天主教大学工程学士学位、芝加哥大学物理化学博士学位,冯·诺依曼关于用计算机工作的讲座对其产生深远影响。1951—1953 年在弹道研究实验室从事物理学研究;1953—1955 年在海军研究实验室工作,随后到美国国家标准局任职;1961 年进入 DARPA,负责弹道导弹防御项目;1963—1965 年担任副局长,而后担任局长至 1967 年。任内最著名的成就是授权发展互联网的前身阿帕网。

6. 艾伯哈特·里希廷(Eberhardt Rechtin)

DARPA 第六任局长,任期为 1967—1970 年。

任内重大事件:美国人登上月球,美民众反越战活动高涨。

个人履历:艾伯哈特·里希廷 1943—1946 年服役于美国海军,而后作为预备役人员直至 1958 年。服役期间完成加州理工学院本科学习,1950 年获得加州理工学院电气工程学博士学位,毕业后在喷气推进实验室工作,曾任项目主任。1967 年担任 DARPA 局长。里希廷是美国航天系统和系统架构设计领域的权威专家,首创系统架构设计,被称为"深空网络之父",使喷气推进实验室研发的航天器能够跟踪和获取全球气象数据。

7. 斯蒂芬·卢卡西克(Steven J. Lukasik)

DARPA 第七任局长,任期为 1970—1975 年。

任内重大事件:尼克松访华,美国从越南撤军,全球"第一次石油危机",水门事件。

个人履历:斯蒂芬·卢卡西克获得麻省理工学院物理学博士学位。早期在大学任职,后担任 DARPA 局长助理,1970 年成为局长。卢卡西克强调研究工作的军事相关性,认为 DARPA 必须走出去,与战场指挥官进行交流,以理解实际作战的问题。卢卡西克改变了 DARPA 管理的风格,使之从具有极大灵活性的一般性任务分类管理,转变为拥有更清晰用户定位的集中式管理。1972 年推动内部重组改革,将三个技术办公室合并为战术技术办公室。任内 DARPA 很好地履行了自身使命,创立了可靠的核探测技术,奠定了弹道导弹防御系统的基础,推动了科学的发展。

▶▶ 8. 乔治·海尔迈耶(George Heilmeier)

DARPA 第八任局长,任期为 1975—1977 年。

任内重大事件:美苏军备竞赛愈演愈烈,美国发起"抵消"战略。

个人履历:乔治·海尔迈耶获得宾夕法尼亚大学电气工程学学士学位、普林斯顿大学固体电子学博士学位。毕业后在发明电视机的 RCA 公司从事研究工作,1964 年发现某些液态晶体材料具有特殊的光电效应,开始研究将电信号转变为可见光,研发出世界第一块液晶显示屏,奠定其"液晶显示屏之父"的地位。1969 年成为 RCA 公司固态电子设备研究部门负责人,1970 年担任美国国防部科学顾问,不久后担任国防电子设备研究负责人,负责监管国防部所有与电子设备有关的研究工作。1975 年担任 DARPA 局长,向时任国防部长哈罗德·布朗和研究与工程副部长威廉·佩里提出发展隐身飞机、天基激光武器、天基红外技术和人工智能等 6 个关键交叉技术领域,为美军用技术优势抵消苏军数量优势的"抵消"战略(现称"第二次抵消"战略)奠定了基础。在其任内,DARPA 仅用 2 年就研制出几乎无法被雷达探测的新型飞机,并将隐身技术应用于舰船,建造了"海影"试验船;阿帕网无线传输通信取得成功,实现了网络移动互联。为评估科研项目是否值得资助,海尔迈耶提出了项目经理必须回答的五个问题,被称为"海尔迈耶问题",这些问题至今仍用于 DARPA 的立项决策,并被多国科研机构采用。

9. 罗伯特·福萨姆(Robert Fossum)

DARPA 第九任局长,任期为 1977—1981 年。

任内重大事件:美苏关系进一步恶化,苏联入侵阿富汗。

个人履历:罗伯特·福萨姆获得爱达荷大学数学学士学位、俄勒冈大学数学硕士学位和数理统计学博士学位。1969—1974 年担任电子防务实验室公司总经理兼副总裁,1974—1977 年担任美国海军研究生院院长,1977—1981 年担任 DARPA 局长。任内基本保持前任局长设定的管理框架,邀请国防部研究与工程副部长参与项目决策,注重与国会的沟通,使 DARPA 预算从 3 亿美元增至 7.5 亿美元。坚信"没有失败,不成 DARPA",总是提出很高的项目预期,并鼓励项目经理自由探索,最著名的成就是授权发展长航时无人机,最终催生了"全球鹰"无人机。

10. 罗伯特·科珀(Robert S. Cooper)

DARPA 第十任局长,任期为 1981—1985 年。

任内重大事件:美苏军备竞赛,美国入侵格林纳达,"星球大战"计划出笼。

个人履历:罗伯特·科珀毕业于爱荷华大学,后在美国佛罗里达州埃格林空军基地服役两年。1958 年获得俄亥俄州立大学电气工程学硕士学位,1963 年获得麻省理工学院同专业的博士学位。曾在麻省理工学院任教 9 年,随后进入国防部。1979 年担任 NASA 戈达德太空飞行中心负责人,1979 年离开 NASA 到企业任职,1981 年开始担任 DARPA 局长。任内重视基础研究,积极参与里根政府"星球大战"计划,推动的首个重大项目是联合各军种推进 GPS 接收机小型化,这个项目的成功不仅改变了战争方式,还对整个社会产生了变革性影响。他认为,由国防部长直接领导、获得国会充足的资金支持是 DARPA 区别于各军种并取得成功的关键因素。

11. 罗伯特·邓肯(Robert Duncan)

DARPA 第十一任局长,任期为 1986—1988 年。

任内重大事件:美国空袭利比亚,日本成为世界第二大经济体。

个人履历:罗伯特·邓肯 1945 年获得美国海军学院理学学士学位。1946—1960 年担任海军飞行员,其间于 1951 年获得麻省理工学院航天工程博士学位;1960—1965 年先后担任海军作战部部长办公室太空事务主管和参联会研究与工程事务助理主管;1965—1967 年在 NASA 载人航天中心担任导航与控制分部主管,参加了"阿波罗"登月计划;1967—1968 年担任麻省理工学院电子研发中心主任助理;1968—1975 年出任宝丽来公司 SX-70 相机项目经理,1975 年出任宝丽来公司负责工程事务的副总裁;1986 年出任 DARPA 局长兼国防部研究与工程署署长。邓肯顺应美国"抵消"战略需求,任内使 DARPA 预算连续三年上涨,从 1985 的 6.4 亿美元上升到 1988 的 8.9 亿美元。邓肯高度重视电子技术的发展,逐步开始研发一些军民两用技术,并推动隐身技术、无人系统、先进导弹等成果的转化。1988 年卸任局长后先后担任美国国防部任务试验与鉴定局局长、希克斯安全顾问公司副总裁。

12. 雷·科拉迪(Ray Colladay)

DARPA 第十二任局长,任期为 1988—1989 年。

任内重大事件:东欧剧变,苏联战略收缩,美国入侵巴拿马。

个人履历:雷·科拉迪获得密歇根州立大学机械工程学博士和哈佛大学高级管理学博士学位。最初在 NASA 格伦研究中心负责动力系统研发,后进入 NASA 总部,负责艾姆斯、兰利、德莱登、格伦等研发中心的运行事务,后任 NASA 航天事务副局长。1988 年 2 月,在时任 DARPA 局长罗伯特·邓肯的推荐下接任 DARPA 局长,1989 年 5 月卸任。任内 DARPA 获得国会授予的"其他交易"授权,可绕开传统的合同签订规则与小企业、初创企业等非传统国防供应商签订研发合同,促使 DARPA 设立了自己的合同管理部门。离职后曾担任洛克希德·马丁公司航天公司总裁。后任航天咨询公司所属 RC 太空企业集团董事长、科罗拉多水雷学院教员、国家科学院航天与太空工程委员会主席。

13. 克莱格·菲尔兹（Craig Fields）

DARPA 第十三任局长，任期为 1989—1990 年。

任内重大事件：两德统一，亚太经合组织成立。

个人履历：克雷格·菲尔兹获得麻省理工学院理学学士学位、洛克菲勒大学博士学位，后进入哈佛大学从事教学工作。1974 年担任 DARPA 项目经理，后任首席科学家、技术事务副局长等职，1988 获得总统嘉奖，1989 年 5 月出任 DARPA 局长。1990 年 4 月因执行"过激的工业政策"被解职，此后先后担任微电子与计算机技术公司首席执行官、国防科学委员会主席、ENSCO 能源服务公司董事会成员、雷声公司顾问等职，并长期为国会技术事务提供咨询服务，2001 年获得国防部优异服务勋章。

14. 维克特·莱斯（Victor Reis）

DARPA 第十四任局长，任期为 1990—1991 年。

任内重大事件：第一次海湾战争爆发，知识经济出现。

个人履历：维克托·莱斯获得伦斯勒理工学院机械工程学学士学位、耶鲁大学机械工程学硕士学位、普林斯顿大学工程学博士学位，并进入陆军预备役军官训练营，此后长期在 NASA 艾姆斯研究中心任职。而后担任麻省理工学院林肯实验室技术团队成员、总统科技政策办公室国家安全与太空事务主管助理、科学应用国际公司战略规划副总裁、林肯实验室主管特别助理等职。1989 年任 DARPA 副局长，1990 年 4 月任 DARPA 代理局长，11 月正式任局长。1991 年 10 月调任国防部研究与工程署署长，1993—1999 年出任能源部国防项目助理部长，1999—2005 年出任 Hicks 公司高级副总裁，2005 年后担任能源部高级顾问、战略司令部战略顾问等职。曾获两枚国防部优异服务勋章。

15. 加里·登曼（Gary Denman）

DARPA 第十五任局长，任期为 1992—1995 年。

任内重大事件：苏联解体，克林顿上台后以经济建设为中心。

个人履历：加里·登曼获得辛辛那提大学机械工程学学士学位、俄亥俄州立大学机械工程学博士学位。毕业后长期在美空军研究实验室工作，先后担任空军材料实验室主任兼空军制造技术项目总监、空军莱特实验室主管。1990 年任 DARPA 副局长，1991 年 10 月出任 DARPA 代理局长，次年 3 月任 DARPA 局长。登曼任内 DARPA 依法向军民两用技术研发机构转型，并于 1993 年依法更名为 ARPA，积极拓展政府、军队之外的其他技术用户，如推动 GPS 商用化，这一期间 DARPA 军民两用技术投资占到总投资的 78%。DARPA 的转型导致该机构定位混乱，后在国会要求下重新转为纯粹的国防科研机构。1995 年 3 月卸任后在 GRC 国际、AT&T、诺格等企业任职。

16. 拉里·林恩（Larry Lynn）

DARPA 第十六任局长，任期为 1995—1998 年。

任内重大事件：克林顿新干涉主义理论成形，"接触与扩大"安全战略出台，美国经济持续增长。

个人履历：拉里·林恩早年在海军服役，1953—1979 年供职于麻省理工学院林肯实验室，曾任实验室监视与控制部副主任、指导委员会委员。1979 年在美国防部研究与工程副部长办公室担任国防系统主管，负责弹道导弹防御、太空防务、战略预警与防卫系统、战略飞机等事务。1981 年任 DARPA 副局长，1985 年任大西洋航宇电子公司副总裁兼首席执行官，1993 年任国防部先进技术研发助理部长帮办，1995 年 3 月任 DARPA 代理局长，同年 7 月任 DARPA 局长。林恩重新将 DARPA 工作重点转向国防科研，削减了部分与国防没有直接关系的项目，DARPA 名称复归；主张走"小而精"的路线，裁撤了大批机构和人员，DARPA 年度预算从 28 亿美元减到 22 亿美元。林恩对 DARPA 的"瘦身"举措触犯了项目经理、高校以及工业界等多方利益，引发各方不满,损害了 DARPA 的公共形象。1998 年 5 月卸任后先后担任 MILCOM 顾问委员会委员、IEEE 会员、国防科学委员会成员、国防部独立顾问、新加坡国防科技局顾问等职。

17. 弗兰克·费尔南德(Frank Fernandez)

DARPA 第十七任局长,任期为 1998—2001 年。

任内重大事件:科索沃战争。

个人履历:弗兰克·费尔南德获得史蒂文斯理工学院机械工程学学士、应用机械硕士学位。1963—1972 年在航宇公司工作,其间于 1969 年获加州理工学院航天博士学位。1972—1975 年在研发联合公司任项目经理,1975—1976 年任物理动力公司副总裁;1976 年在洛杉矶创立 Areté 联合应用研究公司,任总裁兼董事会主席,研发用于搜寻隐蔽目标的先进传感器;1994 年创立 AETC 公司,任总裁兼董事会主席,从事环境监测业务。1998 年 5 月 10 日任 DARPA 局长。任内 DARPA 在生物战防御、信息安全、精确打击以及机器人技术等领域发挥了开拓者的作用,2001 获得国防部优异服务勋章。2001 年 6 月离任后,担任史蒂文斯理工学院院长首席技术顾问,其间获得工程学荣誉博士学位,直到 2005 年退休。退休后曾担任一家咨询公司高管,同时为军民研发机构提供服务。

18. 安东尼·特瑟(Anthony Tether)

DARPA 第十八任局长,任期为 2001—2009 年。

任内重大事件:美国遭受"9·11"恐怖袭击,发动阿富汗战争和伊拉克战争,实施军事转型。

个人履历:安东尼·特瑟获得伦斯勒理工学院电气工程学学士学位、斯坦福大学理科硕士学位和电气工程学博士学位。1969 年创立系统控制公司,为军方及商业用户提供资源配置优化服务。1978 年进入政府,担任国防部国家情报办公室主管。1982 年任 DARPA 战略技术办公室主任,1986 年任福德航空航天公司技术与先期研发副总裁,1992 年任科学应

用国际公司先进技术副总裁,1994 年任 DTI 公司首席执行官,1996 年创立技术咨询公司红杉集团。2001 年 6 月出任 DARPA 局长,是 DARPA 历史上任职时间最长的局长。特瑟认为 DARPA 经历频繁转型,出现定位不清、思想僵化的倾向,主张鼓励"独创性思想"。任内推动 DARPA 重返太空领域,将太空领域投资从数百万美元增加到 5 亿美元,在天基监视系统、小卫星组网技术以及高超声速飞行器等方面取得重大进展;通过举办大型活动、接受媒体采访等形式,营造 DARPA 与公众间的良好关系;加大对短期实用型应用研究项目的支持,提高了 DARPA 的研发产出,但面向长远研究遭到忽视。2009 年 2 月离任后,先后担任科学系统公司科学顾问委员会成员、极光飞行科技公司董事会成员、零重力解决方案公司高级战略顾问。主要荣誉包括电气与电子工程师学会终身会员、国防部优异服务勋章。

19. 雷吉娜·杜根(Regina Dugan)

DARPA 第十九任局长,任期为 2009—2012 年。

任内重大事件:国防预算大幅削减,奥巴马政府推行"重返亚太战略",美军寻求结束两场"反恐战争"逐步从中东撤离。

个人履历:雷吉娜·杜根获得弗吉尼亚理工大学机械工程学学士和硕士学位,加州理工学院机械工程学博士学位。她是商人、机械工程师和反恐领域专家。1996—2000 年担任 DARPA 项目经理,负责价值 1 亿美元的一揽子项目,重点研发先进、便携式地雷探测系统。她是 DARPA 历史上首位女性局长,

任职期间,推动了"众包"模式的应用,在网络安全、社交媒体和先进制造业等领域采取一系列支持举措。2013 年 5 月,成为弗吉尼亚理工大学工程学院院士。

20. 阿尔提·普拉巴卡尔(Arati Prabhakar)

DARPA 第二十任局长,任期为 2012—2017 年。

任内重大事件:国防预算大幅削减,美国防部发起"第三次抵消"战略。

个人履历:阿尔提·普拉巴卡尔获得德州理工大学电气工程学学士学位,加州理工学院电气工程学硕士和应用物理学博士学位,是加州理工学院首位获得应用物理学博士学位的女性。1986—1993 年任 DARPA 项目经理,其间于 1992 年创立 DARPA 微电子技术办公室,1993—1997 年任美国国家标准与技术研究院院

长,1997—2000 年先后在 Raychem 公司和 Interval Research 公司任职,2001—2011 年加入 USVP 风投公司专注于投资绿色科技和信息技术。2012 年 7 月任 DARPA 局长,任内创建生物技术办公室,充分利用竞赛、研讨会和展示会等形式促进创新和成果宣传,加强同军队的联系,强化与军种研发机构合作以加速技术成果的转化。普拉巴卡尔认为 DARPA 项目组合中的技术将从根本上重塑美军能力,改变国家安全形势,变革未来社会生活与工作方式。2017 年 1 月离职后,任斯坦福大学认知科学研究中心研究员。她是 DARPA 历史上第二位女性局长。

21. 史蒂芬·沃克(Steven Walker)

DARPA 第二十一任局长,任期为 2017 年 1 月—2020 年 1 月。

任内重大事件:特朗普总统推行"大国竞争"战略,重振美国军事优势;美军瞄准打赢大国间的大规模持久战争,全方位推进"联合全域作战概念"落地。

个人履历:史蒂芬·沃克获得圣玛利亚大学航空航天工程学学士学位、代顿大学机械工程学硕士学位、圣玛利亚大学航空航天工程学博士学位。毕业后供职于空军研究实验室飞行器部,DARPA 战术技术办公室项目经理、副主任和主任。后任空军科学研究办公室项目经理,空军科技与工程助理部长帮办、空军采办助理部长,2012 年返回 DARPA。2012 年 10 月—2016 年 12 月先后任 DARPA 副局长、代理局长,2017 年 1 月正式担任局长。沃克认为 DARPA 首要任务是发展服务于国家安全的突破性技术,且要随着对手的能力发展而不断改进,以保证美国和盟军持续作战并取得胜利。2019 年 12 月提出离职,2020 年 1 月正式从 DARPA 离职。

22. 维多利亚·科尔曼(Victoria Coleman)

DARPA 第二十二任局长,任期为 2020 年 9 月—2021 年 1 月。

任内重大事件:特朗普竞选总统落败,拜登任美国总统。

个人履历:维多利亚·科尔曼出生在希腊,先后在英特尔、惠普、雅虎等科技巨头担任安全主管、软件开发副总裁、工程副总裁、首席技术官等关键职位,曾任职于国防科学委员会、担任 DARPA 微系统探索理事会创始人兼主席。曾领导横跨多个领域的尖端技术研发,经验十分丰富。担任 DARPA 局长前,为 Atlas 人工智能公司首席执行官。2020 年 9 月任 DARPA 局长,是 DARPA 历史上第三位女性局长。

▶▶ 23. 斯蒂芬妮·汤普金斯(Stefanie Tompkins)

DARPA 第二十三任局长,也是现任局长,2021 年 3 月起担任此职。

任内重大事件:拜登总统推行"战略竞争"战略,推行"一体化威慑"战略,大规模对华备战和打造持久军事优势,落实"联合作战概念"。

个人履历:斯蒂芬妮·汤普金斯出生在韩国,1987 年毕业于普林斯顿大学,获地质学学士学位,1987—1991 年从事陆军情报工作,1993—1997 年在布朗大学获得硕士和博士学位,其间受 NASA 资助在夏威夷担任资深研究员。2007 年担任 DARPA 战略技术办公室项目经理,此后担任过国防科学办公室主任,2017 年被委以 DARPA 代理副局长。2018 年离开 DARPA,担任科罗拉多矿业学院负责研究与技术转让的副校长。2021 年 3 月 15 日,被任命为 DARPA 局长,是 DARPA 历史上第四位女性局长。

附录 2
（美国）国防部第 5134.10 号指令

（2017 年 9 月 22 日第一次更改）

主题：国防高级研究计划局（DARPA）

（1）目的。国防部长依据《美国法典》第 10 卷授权，重新发布国防部指令 5134.10，以更新 DARPA 的使命任务、组织与管理、职责与职能、工作关系、工作权限与行政管理。

（2）适用范围。本指令适用于国防部长办公厅、各军种部、参谋长联席会议主席办公室和联合参谋部、各作战司令部、国防部监察长办公室、国防局、国防部直属机构，以及国防部其他下属机构（以下统称国防部各部门）。

（3）使命任务。DARPA 作为国防部核心研发机构，基本职责是维持美国相对于对手的技术优势。

（4）组织与管理。依据《美国法典》第 10 卷第 191 节和 192 节，DARPA 是国防局级单位，国防部 5134.01 号和 5134.3 号指令规定，DARPA 由国防部采办、技术与后勤副部长通过研究与工程助理部长授权、指导、控制。DARPA 由一名局长及其下属机构组成，下属机构由局长利用国防部长分配的资源组建。

（5）工作职责。DARPA 的局长：

① 依据本指令组织、指导、管理 DARPA 和分配给它的所有资源。

② 开展可能对未来国家安全产生重大影响、不局限于现实需求的创造性和变革性研发。

③ 资助桥接基础性研发成果与军事应用之间鸿沟的高风险、高回报、变革性研发。

④ 采用创新性业务策略，降低 DARPA 项目研发成本，缩短研发周期，增强研发效用。这些策略还要解决将成功项目尽快转交给各军种或国防局的方式方法，包括创新型人才的雇佣和轮调实习，以保证有才之人和思想观念的不断流入。

⑤ 就 DARPA 发起的项目或项目分配，酌情为国防部其他部门提供指导和帮助。

⑥ 就 DARPA 研究项目的分配，通过国防部研究与工程助理部长和采办、技术与后勤副部长，向国防部长提出建议。

⑦ 对分配给各军种部、其他政府机构、个人、私有企业、教育机构、科研机构的 DARPA 项目的实施与监管做出安排,其中要考虑各军种的基本职能。

⑧ 依据军事需求、国家安全重点,并考虑满足需求所需的工商业基础,安排先期研究项目并确定技术投资重点。

⑨ 推想、预判军队指挥官未来可能需要的能力,通过技术验证加快发展这些能力。针对联合项目、已部署部队的项目、各军种部选定项目,实施技术验证,需要时,为各军种部的样机项目提供帮助。

⑩ 酌情向研究与工程助理部长和国防部其他部门通报指定项目的重大新发展、新突破、新的技术进步,以及此类项目的状态,以促进早期作战应用。

⑪ 按照既定程序,准备并向国防部审计副部长/首席财务官提交 DARPA 年度项目预算申请,包括项目的优先级排序。

⑫ 依据国防部长关于《对国防局和国防部直属机构两年一度审查》的要求,安排和管理 DARPA 项目与活动,以便:

(ⅰ) 提高性能、经济性和效率;

(ⅱ) 证实 DARPA 对用户需求的关注。

⑬ 履行国防部长,常务副部长,以及采办、技术与后勤副部长,研究与工程助理部长交办的其他工作。

(6) 工作关系:

① 履行指定职责时,DARPA 局长:

(ⅰ) 直接向研究与工程助理部长报告。

(ⅱ) 尽可能利用国防部和其他联邦部门的系统、设施和服务,以避免重复建设,获得最高效能。

(ⅲ) 与担负相关或附带职责的国防部其他部门领导和国防部长办公厅助理部长级官员协调沟通。

② 国防部其他部门领导及国防部长办公厅助理部长级官员,与 DARPA 局长协同处理所有在其职权范围内的事务。

③ 各军种部部长及国防部其他部门领导:

(ⅰ) 根据安排和约定,在各自职责范围和可用资源范围内帮助和支持 DARPA 局长履行职责。

(ⅱ) 指示下属机构遵守下述 7(3) 条规定的程序。

(7) 授权。特此向 DARPA 局长授予以下权利:

① 向各军种部、国防部其他机构或其他联邦政府机构下达资助和研发工作指令。

② 酌情分配 DARPA 先期研究项目资金。

③ 依据国防部相关政策和指示,就 DARPA 工作相关事宜,为 DARPA、各军种,以及国防部其他研发机构制定必要程序。

④ 担任《联邦采办条例》2.1 部分和《联邦采办国防部补充条例》202.101 部分规定的执行部门与合同签约机构负责人。

⑤ 直接或通过军种部或其他美国政府机构采办或建造执行任务所需的研究、开发、测试设备设施,根据相关法律、国防部指令,可能需要经国防部长批准。

⑥ 根据国防部 8910.01 指示要求,必要时履行获取报告和信息的职责。

⑦ 必要时,直接与国防部其他部门负责人沟通,以履行指定的职责,包括征求建议与请求帮助。与各军种部的沟通,必须通过军种部部长,或按照法律规定或由国防部长通过其他公告予以指示。与作战司令部司令的沟通,必须遵照国防部 5100.01 号指令第 4(2)③段的规定。

⑧ 酌情与其他政府官员、公众、外国政府代表、外国科研机构和非美国国防部科研单位沟通,以履行职责。与立法部门代表沟通必须酌情由国防部立法事务助理部长或审计副部长/首席财务官协调,并与国防部立法计划保持一致。

⑨ 行使《美国法典》第 15 卷 3710a 节授予国防实验室主任的权力,以及《美国法典》第 10 卷第 137 章授予国防局领导的权力。

⑩ 负责与任何机构、大学、非营利公司,以及其他执行或支持 DARPA 任务的组织签订和管理资助协议、合作协议和其他交易授权协议。制定 DARPA 行使《美国法典》第 2358 节、2371 节、2373 节规定的所有授权与职责的规程。

⑪ 行使本指令附件 2 中所载的行政权力。

(8) 行政管理:

① 国防部长根据采办、技术与后勤副部长和研究与工程助理部长的建议,选择一名文职的 DARPA 局长。

② 各军种部部长根据履行联合管理职责的授权和既定规程,推荐派往 DARPA 的军职人员,在 DARPA 接受后进行派遣。

③ 从 DARPA 获得资金的国防部其他部门负责人,要确保在适当的财会系统中准确、完整、及时记录财务往来,以支持 DARPA 的会计财务工作。国防部各部门还要开展适当的内部控制,确保 DARPA 财务信息完整,并符合《国防部财务管理规则》的要求。

④ 国防部其他部门可依据国防部 4000.19 号指令支持 DARPA 的行政管理,或通过跨军种协议提供行政支持。

(9) 发布方式。获准公开发布。本指令可在指令处网站上获取:http://

www.esd.whs.mil/DD/。

(10)修订梗概:本次发布的第一次更改是行政性的,更新了机构名称和参考资料,以求准确。

(11)生效日期。本指令 2013 年 5 月 7 日起生效。

附件1:参考资料(略)
附件2:授权

根据国防部长授权,并受采办、技术与后勤副部长和研究与工程助理部长领导、指挥和控制,遵守国防部政策和指令,DARPA 局长或代理局长拥有以下 DARPA 行政管理和运作所需的权力。

(1)必要时,使用咨询委员会并临时聘请专家或顾问,以履行 DARPA 的职能。

(2)酌情。

① 将 DARPA 的任何职位指定为敏感职位。

② 在人员安全调查完成前,若存在必须履行公务的特殊情况,可授权正在接受调查的人员在有限时间内临时获得 DARPA 敏感职位。

③ 启动人员安全调查,必要时为了国家利益安全,暂停对指派到 DARPA 或 DARPA 雇用的人员进行安全调查。

(3)授权并批准。

① 根据《联邦联合差旅条例》,批准指派到 DARPA 的军事人员的临时公务差旅。

② 批准 DARPA 文职人员的差旅。

③ 批准与 DARPA 活动相关、提供咨询及其他高度专业技术服务的非国防部人员的差旅。

④ 按规定批准 DARPA 文职人员的加班费。

(4)批准指派到 DARPA 的军事人员的差旅费,包括参加技术、科学、专业等方面会议产生的费用。

(5)开发、建立并维护有效且持续的档案管理项目。

(6)当确定更有利且符合政府最佳利益时,使用政府采购卡为 DARPA 适当购买除人员服务之外的材料和服务。

(7)根据 DARPA 有效管理和运行的需要,授权在报纸、杂志或其他公共期刊上发布广告、通告或提案。

(8)为被指派的职能建立并维护适当的内部规章体系,发布并更新机构级法规、指令的指南文件。

(9)作为相关支持的接受方或提供方,与国防部其他部门、其他联邦政府部门和机构、州和地方政府签订跨部门和跨政府部门的支持协议,以有效履行DARPA职能和责任。

(10)直接签订和管理合同,或者通过军种部、国防部合同管理服务部门或视情而定的其他联邦机构签订和管理合同,以获得DARPA履行使命所需的物资、设备和服务。如果任何法律或行政令明确限制军种部部长级官员行使上述权力,则此类权力必须由适当的国防部副部长或助理部长行使。

(11)行使总务管理局赋予国防部长的权力,根据联邦管理条例第102 – 75.1055节处置剩余个人资产。

(12)提供安全方案并发布必要的安全规定,以保护DARPA局长管辖范围内的人员、信息、资产和地点。

(13)建立和维护适当的资产账户,当资产流失、损坏、被盗、被毁或因其他原因无法使用时,依据适用的法律法规,有权任命调查委员会、批准调查报告、减轻个人责任,并放弃针对DARPA资产问题的追责。

(14)酌情以书面形式下放这些权力,除非本指令另有明确规定或法律法规另有规定。

附录 3
DARPA 技术办公室演变图

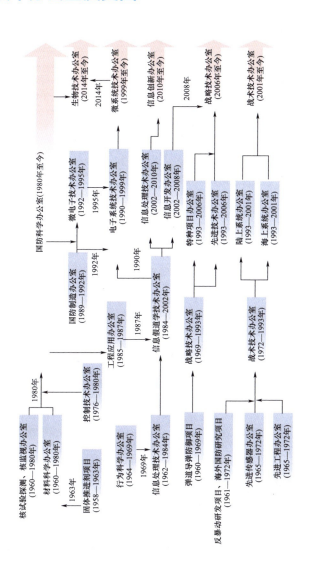

附录 4
美国国防部科研预算科目及定义

	科目	定义
国防科技	6.1 基础研究	基础研究是没有具体的工艺或产品应用背景的一类系统性研究工作,以加深对现象与事实的认识和理解为直接目标。包括在所有与国家长远安全相关的物理、工程、环境科学与生命科学领域增加基础知识和理解为目的的科学研究与实验。基础研究是超前的高回报研究,为技术进步奠定了基础,可能导致:后续的应用研究和先期技术研发;发展和改进诸如通信、探测、跟踪、监视、推进、机动性、制导与控制、导航、能量转换、材料与结构,以及人员支持等方面的能力。该类项目属于里程碑 A 之前的活动。
	6.2 应用研究	应用研究是有明确而具体需求背景的一类系统性研究工作。应用研究是知识的系统性扩展和应用,目的是开发有用的材料、装置和系统或工艺;还可能是面向样机和新工艺的设计、开发及改进,以满足总体任务领域的需求。应用研究将有应用前景的基础研究转化为一般军事需求解决方案,研究的跨度从基础研究活动到复杂的实验硬件、编程及规划。应用研究类项目属于里程碑 B 之前的活动,又称为"概念和技术开发"阶段任务,但并非所有的应用研究都由应用研究预算支付,有些应用研究项目经费由使用部门承担。
	6.3 先期技术研发	先期技术研发包括子系统和部件开发,子系统、部件或系统模型的演示验证。系统模型包括形式样机、装配样机、功能样机或演示验证用的缩比模型。先期技术研发证明技术可行性、评估子系统和部件的适用性、可生产性,而不是开发可供使用的硬件。先期技术研发类项目与军事需求有直接的相关性,用来验证技术的一般军事用途或用于不同军事装备时降低成本的潜力。先期技术研发属于里程碑 B 之前的活动,诸如系统概念验证、联合或单军种实验、技术演示验证等,一般情况下,技术可用度需达到 4~6 级。
	6.4 先期部件研发和样机	先期部件研发和样机指在高真实性环境或真实环境中评估集成后的技术、标志性模型或样机系统。这类项目包括针对具体系统开展使技术从实验室转入实际使用的各种研发工作,重点是验证部件和子系统在集成到大型复杂系统之前的成熟性,包括降低风险的措施。这类项目属于里程碑 B 之前的活动,又称为先期部件研发活动,包括技术演示验证。大型系统完成后的技术成熟度达到 6~7 级。实施计划和项目级管理,项目进度及研发和生产经费必须列入"未来数年国防计划"之中。
	6.5 系统研发和验证	系统研发和验证发生在里程碑 A 审批通过后,执行的是工程和制造研发任务,以满足批产前的需求。该类预算项目的特征是执行主线项目(major line item)的工程管理或计划管理。样机性能接近或达到系统预定的实际水平。该科目项目的特征是,研发、集成和演示验证成熟的系统,以保障里程碑 C 的决策,进行生产型系统的实际运行测试、评估和初期使用测试、评估。项目进度及研发和生产经费必须列入"未来数年国防计划"之中,符合国防部全额出资管理政策。

续表

科目	定义
6.6 科研管理保障	科研管理保障包括以保障一般的研究、开发、试验和评估(RDT&E)所用设施的完好和现代化为目的的 RDT&E 活动。试验靶场、军事建筑物、实验室维修保障,试验飞机与舰船的运行和维护、支持 RDT&E 项目的研究和分析,包含在本预算中。军内或由承包商派遣的实验室人员的费用适当分摊到相关项目中,或作为基础研究、应用研究、先期技术研发项目的成本。与大型研发类项目相关的军事建筑物费用包含在这里。
6.7 作战系统发展	作战系统发展包括为支持采办计划而开展的研究工作,这些采办计划指的是国防采办局或其他机构批准投产的在研项目和改装项目,或生产费用已列入国防部本年度或下年度预算的项目。项目进行独立的工程管理和审查,包括通过里程碑 C 审查的系统。项目进度及研发和生产经费必须列入"未来数年国防计划"之中,服从国防部全额出资管理政策。作战系统研制的所有项目属于主要册列项目。
6.8 软件与数字 技术试点项目	美国国防部尚未固化该科目的确切定义,官方一般解释是:通过试点,寻找新的机制,从而克服项目管理者应用现代软件开发技术面临的难题,提高软件开发质效。

附录5
美国各军种部科研机构

美国各军种部共管理着60多个国防实验室,雇佣约7万人,其中科学家和工程师超过4万人。这些实验室的业务涵盖从技术研发、装备研制、试验鉴定到装备采购和保障的各个阶段,既承担研究任务,也承担项目征集、拨付和管理工作。另外,各军种部还有许多试验场、靶场等,负责技术和装备试验与评估。这些科研机构由国防部研究与工程副部长办公室统管,具体由各军种部采办执行官、各军种装备司令部等负责管理。

1. 陆军部科研机构

陆军采办、后勤与技术助理部长(文职)。作为陆军采办执行官,其办公室是陆军武器装备采办政策、计划的统一管理机构,负责执行国防部采办、技术与后勤副部长办公室有关装备采办方面的政策和计划,制定陆军研究、开发和采办政策,编制装备采办的规划计划和年度预算,协调陆军武器装备采办计划,统一管理有关经费。陆军国防科研相关部门如图附5-1所示。

陆军科学委员会。陆军高级科学顾问机构,负责对陆军重要武器装备发展计划进行技术审查和提供管理决策支持,帮助陆军各级领导及时掌握工业界最新科技发展动态,向陆军部长、副部长、陆军参谋长、陆军助理部长(采办、后勤与技术)、陆军参谋人员和主要科学技术主管就陆军国防科技事务提出咨询建议。

陆军未来司令部(主管为军职)。由四星上将领导,主要负责陆军未来技术研发和装备研制,包括作战概念研究、作战需求分析、科技投资论证、样机与试验验证等。其下属的陆军作战能力发展司令部是陆军主要的技术研发和装备研制部门,下设陆军研究实验室、航空器与导弹中心、C^5ISR中心、武器中心、地面车辆系统中心、士兵中心、生化中心、分析中心共8个研发与工程中心。

陆军研究实验室。陆军科学技术研发的最大来源,下设陆军研究办公室和6个研究部,即武器与材料部、传感器与电子器件部、计算机信息科学部、人因研究与工程部、生存力与杀伤力分析部、车辆技术部。主要从事与武器装备相关的基础研究和应用研究,为陆军提供科学发现、技术进步和分析,确保美军获得未来地面战争所必需的关键技术和分析支持。该实验室的陆军研究办公室负责陆

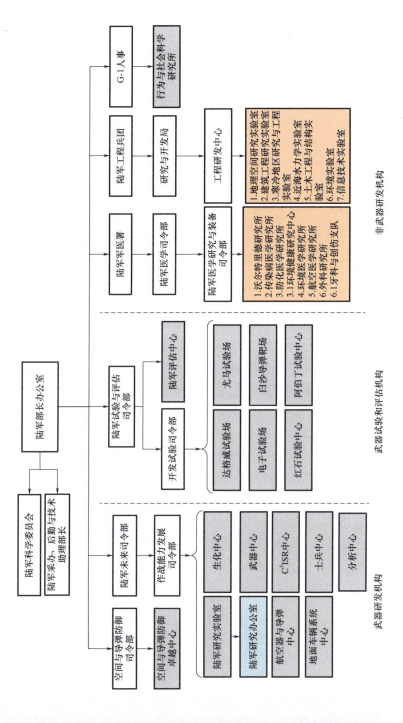

图附5-1 陆军部国防科研相关部门

军基础研究工作的组织管理,推动陆军其他研究机构的工作,并使科研成果与学术和企业结合起来。

陆军试验与评估司令部。下辖6个试验中心(含试验场、靶场)和1个评估中心,拥有从事试验和评估的雄厚科研力量,每天完成超过1100项试验,促进了军事技术向武器系统的转化。为国防实验室、大学或企业研究机构提供了先进的试验设备和设施,有些国防实验室或其分部依托这些中心而建。

2. 海军部科研机构

海军研发与采办助理部长(文职)。兼任海军采办执行官,负责海军所有科研项目,强制执行国防部采办程序。代表海军部向国防部长办公室和国会汇报关于采办政策和项目所有相关问题。根据国防部5000系列文件负责制定政策和程序并管理海军所有的研发与采办活动。海军国防科研相关部门如图附5-2所示。

海军研究署。全面负责海军和海军陆战队从基础研究到应用研究再到先期技术开发阶段的所有科技活动,包括对这些活动的规划、管理、监督、评估与执行的全过程,向大学实验室、海军实验室等下达基础研究项目。此外,该署还负责促进科技成果向更高环节的装备研发、试验及评估转移。

海军研究实验室。美国海军部最大的科研机构,约有1500名科学家和工程师,隶属于海军研究署。开展各个学科的科研和先进技术发展项目,直接服务于美国海军各种新应用领域,包括新材料、新工艺、新技术装备及系统,以及海洋、大气、太空科学及相关技术领域;为美国海军和海军陆战队相关研究提供有关物理、工程、空间、环境科学方面的科学理论基础,支持海军各作战中心采办项目,开展广泛的科学探索和先进技术开发,充分发挥海军实验室各先进试验设施的功能,支持美国海军科技项目的开展。

海军部科技委员会。向海军部长、副部长、负责研发与采办的助理部长等提供海军国防科技事务咨询,监督海军研究、开发、试验与鉴定工作的进度,分析出现的问题,提出解决问题的咨询建议。委员会由各方面专家组成,下设若干课题组。

海军作战部长。海军作战部长下属的海上系统司令部、海战系统司令部、航空系统司令部中设有众多研究中心,是海军最重要的科研力量,共有2万多名科学家和工程师。主要对海军武器系统进行全面的研究、开发、测试和评估,为制定方案、攻克瓶颈、工程研制和管理等提供方法和技术支撑。海军大部分研发经费通过这些研发中心投向其他国防实验室、大学或企业的科研机构。

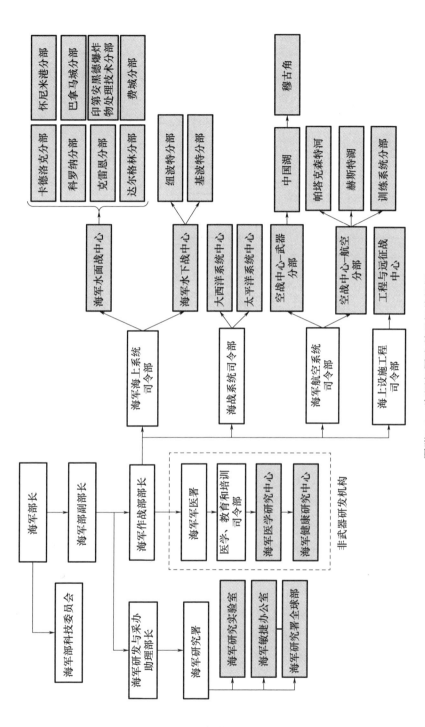

图附5-2 海军部国防科研相关部门

3. 空军部国防科研部门

负责采办的助理部长（文职）。负责空军研究、开发和非太空采办活动,执行国防部采办、技术与后勤部长办公室有关装备采办方面的政策和计划,制定空军研究、发展和采办的方针政策,管理空军科研经费,协调空军武器装备采办计划。空军国防科研相关部门如图附 5-3 所示。

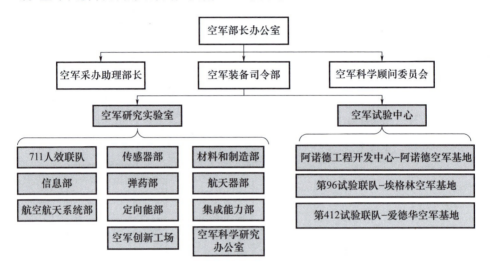

图附 5-3　空军部国防科研相关部门

空军装备司令部（主管为军职）。负责空军武器装备研究、开发、采购、部署、维护等全寿命管理其领导的空军研究实验室（AFRL）负责制定、执行和管理空军的科学研究计划并承担有关研究开发工作。

空军科学顾问委员会。作为空军部长、副部长、空军参谋长、负责采办的助理部长的国防科技问题咨询机构,基本任务是研究空军武器装备发展中出现的科技问题,就装备研究、采办事宜向空军部长、副部长、负责采办的助理部长等提供咨询建议。

空军研究实验室。隶属于空军装备司令部,负责空军所有科技项目的管理、计划和实施,拥有 3600 多名科学和工程技术人员。所属空军科学研究办公室管理空军全部的基础研究经费。

空军创新工场负责为空军引入先进商业技术。

空军试验中心。隶属于空军装备司令部,负责试验、技术评估和验证工作。

参考文献

[1] BONVILLIAN W B, ATTA R V. ARPE – E and DARPA: Applying the DARPA model to energy innovation[J]. J Technol Transf, 2012.

[2] DARPA. Breakthrough technologies for national security[R]. Arlingto: DARPA, 2015, 3.

[3] DARPA. Bridging the gap powered by ideas[R]. Arlingto: DARPA, 2005, 2.

[4] DARPA. Defense advanced research projects agency strategic plan[R]. Arlingto: DARPA, 2009, 5.

[5] DARPA. Driving technological surprise: DARPA's mission in a changing world[R]. Arlingto: DARPA, 2013, 4.

[6] DARPA. Fiscal year 1979 program for research and development[R]. Arlingto: DARPA, 1978, 3.

[7] DARPA. Innovation at DARPA[R]. Arlingto: DARPA, 2016, 8.

[8] DARPA. Strategic plan[R]. Arlingto: DARPA, 2003, 2.

[9] DARPA. Strategic plan[R]. Arlingto: DARPA, 2007, 2.

[10] DARPA. Strategic plan[R]. Arlingto: DARPA, 2009, 5.

[11] Defense Procurement and Acquisition Policy. Manager's guide to technology transition in an evolutionary acqusition environment Version 1.0[R]. DTIC, 2003, 1.

[12] Defense Science Board Task Force. Investment strategy for DARPA[R]. DTIC, 1999, 8.

[13] Department of Defense Office of the Inspector General. The defense advanced research projects agency's transition of advanced information technology programs[R]. Arlingto: U. S. DoD, 2002, 9.

[14] DARPA. Other transaction authority[R]. Arlingto: DARPA, 2008, 7.

[15] DoD. DoD Financial management regulation[R]. Arlingto: U. S. Dod, 2008, 6.

[16] FUCHS E R H. Cloning DARPA successfully: Science and technology[R]. 2009.

[17] FUCHS E R H. The role of DARPA in seeding and encouraging technology trajectories: Pre – and post – tony tether in the new innovation ecosystem[R]. Washington: ITIF.

[18] FUCHS E R H. Rethinking the role of the state in technology development: DARPA and the case for embedded network governance[R]. SSRN, 2010.

[19] DONOHUE G L, BUENNEKE R H. Why not a civil DARPA[J]. RAND Issue Paper, 1992, 11.

[20] PERANI G. Military technologies and commercial applications: Public policies in NATO countries[R]. NATO, 1997, 8.

[21] MADDOCK I A. DARPA stealth revolution now you see them[R]. Arlingto: DARPA, 2009.

[22] Insitution for Defense Analyses. Transformation and transition: DARPA's role in fostering an emerging revolution in military affairs Volume 1 – Overall assessment[R]. DTIC, 2003, 4.

[23] Insitution for Defense Analyses. Transformation and transition: DARPA's role in fostering an emerging revolution in military affairs Volume 2 – Detailed assessments[R]. DTIC, 2003, 11.

[24] Insitution for Defense Analyses. DARPA technical accomplishments Volume Ⅰ[R]. DTIC, 1990, 2.

[25] Insitution for Defense Analyses. DARPA technical accomplishments Volume Ⅱ[R]. DTIC, 1991, 4.

[26] Insitution for Defense Analyses. DARPA Technical Accomplishments Volume Ⅲ[R]. DTIC, 1991, 8.

[27] Inspector General U. S. Department of Defense. Improvements needed at the defense advanced research projects agency when evaluating broad agency announcement proposals[R]. Arlingto: U. S. DoD, 2013, 9.

[28] RICHARDSON J J. Transitioning DARPA technology[R]. DTIC, 2001, 5.

[29] DUBOIS L H. DARPA's approach to innovation and its reflection in industry[R]. NCBI, 2000.

[30] LIU L, WONG J Y. Analysis of the transitioning opportunity for non – traditional firms under other transaction authority[J]. Pennsylvania: Pennsylvania State University, 2008.

[31] WALDROP M. DARPA and the internet revolution[R]. Arlingto: DARPA, 2009.

[32] National Defense Research Institute RAND. The predator ACTD – A case study for transition planning to the formal acquisition process[R]. Department of Defense Office of the Inspector General, 1997.

[33] Office of the Under Secretary of Defense For Acquisition & Technology. Report of the defense science board task force on the investment strategy for DARPA[R]. DTIC,1999,9.

[34] HARSHA P. The change at DARPA[N]. Computing Research Association,2010,5.

[35] Transitioning DARPA technology[R]. Arlingto: Potomac Institute for Policy Studies. 2001,5.

[36] VAN ATTA R H,LIPPITZ M J,et al. Transformation and transition: DARPA's role in fostering an emerging revolution in military affairs volume 1 – overall assessment[R]. DTIC,2003.

[37] BARBER R J. The advanced research projects agency,1958 – 1972[R]. DTIC,1975,12.

[38] VAN ATTA R. Fifty years of innovation and discovery[R]. 2008.

[39] WATSON R J. History of the office of the secretary of defense Volume Ⅳ into the missile age 1956 – 1960[R]. 1997.

[40] HAVELOCK R G,BUSHNELL D S. Technology transfer at DARPA[R]. DTIC,1985,12.

[41] PAPPERT S. Succeeding with DARPA/MTO: Tips from an ex – program manager[R]. DTIC,2009,3.

[42] 李强. DARPA 创新计划[M]. 北京:国防工业出版社,2015.

[43] 林仁红. DARPA 型组织的人力资源战略管理实践[J]. 企业管理,2005.

[44] 陆国权,李晨,李冀,等. 美国国防部国防先期研究计划局战略计划项目概析[G]. 2009.

[45] 迈克尔·贝尔菲奥尔. 疯狂科学家大本营[M]. 黄晓庆,等译. 北京:科学出版社,2012.

[46] 田华,田中. 美国国防高级研究计划局如何跨越"死亡之谷"[J]. 科学学研究,2012,30(11).

[47] 王烨,张福勇,安家康. DARPA 科技创新的管理实践与经验启示研[J]. 军民两用技术与产品,2014,3.

[48] 魏俊峰,等. 美国国防高级研究计划局(DARPA)透视:跨越现实与未来的边界[M]. 北京:国防工业出版社,2015.

[49] 赵刚. 美国 DARPA 模式的成功经验[N]. 学习时报,2011,6.

[50] 朱启超,黄仲文,匡兴华. DARPA 及其项目管理方略与启示[J]. 世界科技

研究与发展,2002,24(6).

[51] 邱俊,梁正,顾心怡,等.美国新型类DARPA项目管理创新机构的若干进展及启示[J].中国科学院院刊,2023,38(6).